ビジネスレターとリスニングで
13億人とつながるインド英語を学ぶ

日本人のための
インド英語
入門

ことば・文化・慣習を知る

本名信行　SHARMA Anamika

SANSHUSHA

　21世紀になって、日本人とインド人の交流はますます頻繁になっています。インドのICT（Information Communication Technology）産業の進展は目覚ましく、多くのインド人と日本人スペシャリストが両国を行き来しています。友好関係はこの一分野に限らず、政治、経済、教育、文化、スポーツ、芸術、観光と多方面にわたっています。

　インド人とおつきあいをするさいに目にし、耳にするのは、インド英語です。イギリス人の英語がインドに渡り、インド人が手にし、口にすると、それはインド英語になるのです。そこには、インドの言語と文化が乗り移り、独自の体系が産み出され、独自のアンビエンスが醸し出されます。インドに関係するひとが、インド英語に興味をもつのは、当然のことでしょう。

　また、インド英語は南アジア英語の一環でもあり、パキスタン、バングラデシュ、ネパール、スリランカ、モルディブと広く通じています。さらに、アジアやアラブ、アフリカ、そしてヨーロッパや北米でも、インド出身の移民や在住者はたいがい、その英語の特徴を維持しています。私たちがビジネス等でインド英語の話し手と交わる機会は、実に広域にわたっているのです。

　本書はこういった現状を考慮して、日本人のためにインド英語の心髄を紹介し、これに合わせて、ビジネスレターの解読とリスニングのドリルを用意しました。全3部構成で、第1部「インド英語の万華鏡」では、インド人の英語観とその英語の特徴を、発音、語句・表現、文法の面でまとめています。第2部「インドのビジネス慣行とインド英語のビジネスレター」は、インド人の英語ビジネスコミュニケーションの様式を具体例で示しています。そして、第3部「インド英語に耳を澄ます」では、インド人と日本人のダイアローグと、インド人のエッセイ・スピーチを聞き、リスニング・コンプリヘンション・プラクティスをします。

　インド英語の説明にあたっては、なるべく専門用語を避け、必要以上に詳細にこだわらないようにしました。たとえば、インド英語の発音の特徴については、日本人が聞いてわかるものは、音声学的な分析などを

あえて省きました。ビジネスレターやダイアローグとエッセイの語注は、インド英語にかかわるものを中心にしてあります。

　全体として、日本人が読んだり聞いたりするインド英語の姿がわかるように工夫したつもりです。どこから読んでもかまいません。面白そう、だいじそうと思うところから読んでください。そして、読み切ってください。本書が読者の皆さんのインド英語に対する興味をそそり、インド人との英語コミュニケーションに少しでもお役に立つことを、著者は心から祈っています。

　最後になりましたが、本書の出版あたっては三修社編集部の三井るり子氏に多大のお世話になりました。同氏のご理解と励ましに深く感謝の意を表します。

2021 年桃の花の咲くころ

本名信行

シャルマ・アナミカ

●音声ダウンロード・ストリーミング

（本書の付属 CD と同内容の音声がダウンロードならびにストリーミング再生でご利用いただけます。）

1. PC・スマートフォンで本書の音声ページにアクセスします。

https://www.sanshusha.co.jp/np/onsei/isbn/9784384059533/

2. シリアルコード「05953」を入力。

3. 音声ダウンロード・ストリーミングをご利用いただけます。

目 次

第3部

インド英語に耳を澄ます
〜リスニング・コンプリヘンション・プラクティス〜

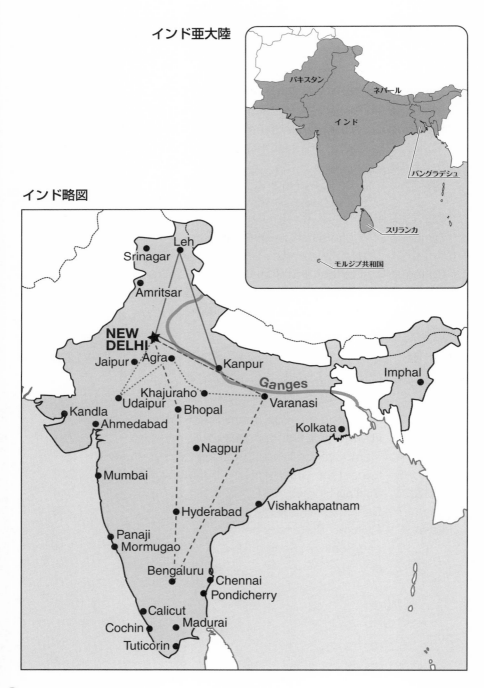

インド亜大陸

パキスタン
ネパール
インド
バングラデシュ
スリランカ
モルジブ共和国

インド略図

Leh
Srinagar
Amritsar
NEW DELHI
Jaipur Agra Kanpur Imphal
Khajuraho Ganges
Udaipur Varanasi
Kandla Bhopal Kolkata
Ahmedabad
Nagpur
Mumbai
Hyderabad Vishakhapatnam
Panaji
Mormugao
Bengaluru
Chennai
Calicut Pondicherry
Cochin Madurai
Tuticorin

第1部

インド英語の万華鏡

第1章　インド英語を学ぶ理由

1. 現代英語の2つの特徴

　多くの日本人はこのところ、インド英語に注目しはじめています。政治、経済、ビジネス、文化、観光、学術などの分野で、日印交流と協働が広がっているからでしょう。インド人の話す英語は、イギリス人やアメリカ人の英語とはだいぶ違います。それは誤りからくるものではありません。違いがあるのは自然で正当なことなのです。ここでは、まずは、このことから考えてみましょう。

　現代英語は2つの特徴をもっています。それは今まで、どの言語も獲得したことのないダイナミズムです。第1は、英語の国際的普及です。第2は、その多様な民族変種の発達です。それは、英語の国際化と多様化と言い換えてもよいでしょう。英語の国際化は必然的に多様化を生みます。一方を得ることなしに、他方を得ることはできないのです。

　英語はずっと以前から、イギリスやアメリカという特定の国を越えて、世界の人びとと交流する多国間、多文化間コミュニケーションのことばになっており、今後はますますその役割を果たすようになるでしょう。世界の多くの国々で小学校から英語教育を開始しているのは、このような英語の広域性と利便性を認識しているからにほかなりません。（図1参照）[注1]

■**図1　英語の国際的普及**

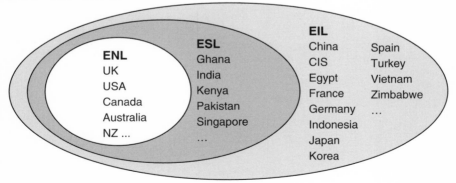

ENL= English as a native language
ESL= English as a second language
EIL= English as an international language　(Based on a diagram by Kachru, 1992:356)

　すなわち、日本人の立場からいうと、英語はアメリカ人やイギリス人とだけではなく、アジア、ヨーロッパ、アフリカ、ラテンアメリカと、世界のさまざまな地域の人びとと話し合うためのことばなのです。他のどの言語もこれほどの規模で、この働きをするものはなく、英語はまさに世界的な役割を果たしているといえます。

　なお、図1にあるように、世界は英語を母語、公用語、国際言語とする国々に分かれます。英語母語国はイギリス、アメリカ、カナダ、オーストラリア、ニュージーランド、南アフリカなどです。英語公用語国は英米の旧植民地でしたが、独立後も現地の言語に加えて、英語を行政、経済、教育等で公用語（第2言語）として維持しています。アジアではインド、シンガポール、フィリピンなどがそうです。そして、世界のほとんどの国々は英語を国際言語と認識し、英語教育の充実を図っています。

　同時に、英語はアジアの言語になっています。事実、アジアには8億人の英語の話し手がいるといわれています。アジアは世界最大の英語圏なのです。そこにはインド（13億）、アセアン（6億）、そして中国（14億）という巨大な地政学的ブロックが存在し、英語はさまざまな地域言語と役割を分担しながら、きわめて重要な国内、国際言語になっています。（図2参照）[注2]このことをフィリピンの詩人ヘミノ・

■**図2　英語のアジア化**

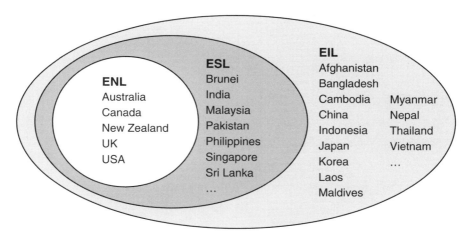

ENL= English as a native language
ESL= English as a second language
EIL= English as an international language

アバド（Gemino Abad）は次のように表現しました。"English is now ours. We have colonized it, too." (注3)（英語は今や、私たちのものです。私たちはそれを土地のものにしたともいえます）

また、英語は実に多様な言語なのです。アメリカ人がアメリカ英語、イギリス人がイギリス英語を話しているように、インド人はインド英語、フィリピン人はフィリピン英語、ナイジェリア人はナイジェリア英語、ガーナ人はガーナ英語を話しています。そして、世界の人びとはたいがい、独自の民族的特徴をもった英語を話しているのです。

つまり、英語の国際化は、アメリカ人やイギリス人の英語がそのままのかたちで世界中に広まったのではありません。むしろ、それにより世界各地で英語が多様化し、さまざまな変種（パターン）が発生しているのです。国際化と多様化は表裏一体で、国際化はよいけれど、多様化は困るというわけにはいかないのです。

実は、ここが一番むずかしい問題なのです。多くの人びとは英語が国際化したと聞くと、アメリカ人の英語やイギリス人の英語がそのままのかたちで国際的に普及したと考えがちです。そして、バスに乗り遅れまいとして、ネイティブ・スピーカーの英語にあこがれ、そのように話すことを目指します。

しかし、英語が国際言語になったということは、英語が多文化言語になったということなのです。世界の人びとは、それぞれ独自の発音や言い回しを使っています。専門家はこの状況を、世界諸英語（World Englishes）と呼んでいます。英語は複数形が似合うことばなのです。ネイティブの英語もノンネイティブの英語も、その言語的文化的価値は平等なのです。

2. 世界諸英語

事実、世界の人びとは英語を話すときにはたいがい、各自の民族的特長を丸出しにします。現代英語は実に多様な文化を、多様な形式で表現する言語なのです。そして、英語はいろいろな言い方が許容されてはじめて、国際共通語として成立するものなのです。世界諸英語の考え方を本格的に究明した学者のひとり、ラリー・スミス（Larry Smith）は、早くも1983年に次のように語っています。

"When any language becomes international in character, it cannot be bound to any culture.... A Japanese doesn't need an appreciation of a British life style in order to use English in his business dealings with a Malaysian.... English...is the means of expression of the speaker's culture, not an imitation of culture of Great Britain, the United States or any other native English speaking country."（注4）

どの言語も国際的性格を帯びると、特定の文化に縛られるわけにはいかなくなります。…日本人は英語を使ってマレーシア人とビジネスをする際に、英国の生活様式を理解する必要はどこにもありません…。英語は…話し手の文化を表現する手段であり、イギリス、アメリカ、あるいは他の英語を母語とする国の文化を模倣する手段ではありません。

　要するに、現代の英語は多国間、多文化間交流を可能にする言語であり、自分の文化を表現する言語でもあるし、他の多様な文化を理解する言語でもあるということです。したがって、英語は特に英米文化と結びつける必要はないということになります。私たちはこのように考えると、英語に対して新しい態度を持つことになるでしょう。

　インド人やタイ人は合掌しながら、英語であいさつすることがあります。英語を話すなら、英米人のように握手をしなければならない、と考えるのはおかしなことです。日本人ならお辞儀をしても一向にかまわないはずです。これは小さなことがらにみえるかもしれませんが、実は重要なことがらをふくんでいます。

　世界の多くの人びとは、イギリス人やアメリカ人の真似をするために英語を学習しているのではありません。むしろ、英語の国際的利便性を認識して、それを効果的に運用する能力を身につけるために努力しているのです。ですから、ネイティブの英語を見本として勉強しますが、自国ふうのクセを恥じようとはしません。

3. 普及と変容

　世界でいろいろな人びとが英語を話すと、その英語は多様な地域の文化を反映することになります。これは普及と変容の関係でとらえることができるでしょう（図3参照）（注5）。普及は必ず変容を呼びます。アメリカの英語やイギリスの英語が他国に渡ると、それは現地の社会的文化的状況のなかで、異文化間変容（intercultural adaptation）、あるいは再文化化（reculturalization）のプロセスを経ることになります。

どうしてかというと、現地の話し手がそれを学習しやすいように、使いやすいようにするためなのです。そして、そのようなプロセスを経て産出されるのが、それぞれの地域・地方の英語変種ということになります。インド人はインドのことばとインド文化を基にして、英語を話します。同じように、日本人は日本語と日本文化を土台にしてはじめて、英語を話すことができるようになるのです。

■図3　英語の普及と変容

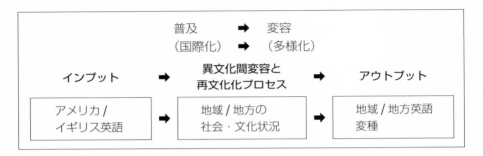

　ものごとが普及するためには、適応が求められます。それが変容を生むのです。インドのマクドナルド店ではビーフバーガーはありません。その代わりに、人びとは美味しいチキンバーガー[注6]やマトンバーガーをほおばっています。ことばもこれと似ており、英語が世界に広まれば、世界に多様な英語が発生します。これは当然のことなのです。

　これはまさに再文化化ともいえるでしょう。英語が伝播した土地に根づき、その土壌（言語・文化）を吸収し、そこに適した花を咲かせます。インドのマックが示すように、英語の普及はデリバリーのようにはいきません。ものごとの普及はそれを使う人が自分に合うように作り変えることを前提として、うまくいくものです。

　ニュージーランドの寿司バーではロールフライが人気のようです。これは巻き寿司をディープフライにしています。日本人には考えもおよばないでしょう。日本でも、大分のピザにはシラスがのっていたり、和歌山ではミカンバーガーが生まれたりしています。このように、英語の普及は、他のものごとの普及に似た現象といえます。

　従来、共通語には「画一、一様」というイメージがつきまとっていました。しかし、

よく考えてみると、多様な言語でなければ、共通語の機能を果たせません。アメリカ英語を唯一の規範とすれば、英語は「国際言語」として発達しないでしょう。だから、母語話者も非母語話者もお互いに、いろいろな英語の違いを認め合う、寛容な態度が求められるのです。

事実、英語の話し手はネイティブよりもノンネイティブのほうがずっと多く、非母語話者は英語の新しい機能と構造を開発しています。このことは英語の多様化に拍車をかけます。私たちはこの事実を正確に認識し、英語の現代的、国際的役割を適切に理解する必要があります。私たちはそうすれば、インド英語や、その他のさまざまな英語に、真っ向から取り組むことができるはずです。（図4参照）[注7]

さらに、世界各地で、非母語話者は英語を母語話者と使うよりも、他の非母語話者と使うほうがずっと多いのです。日本人はアジアの人びとと英語を使うでしょう。そうなると、英語は脱英米化し、しかも独自に民族化していきます。それは異変種間（インド英語とフィリピン英語など）の相互理解が困難になる可能性をひめています。このことについては、第7章で述べます。

■図4 現代英語はどのように使われているか

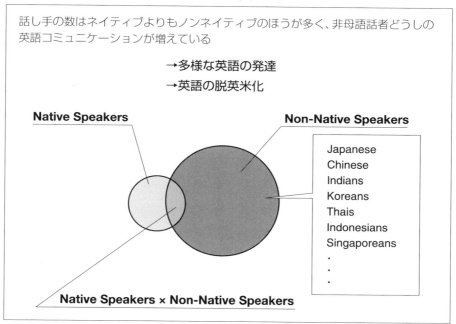

話し手の数はネイティブよりもノンネイティブのほうが多く、非母語話者どうしの英語コミュニケーションが増えている

→多様な英語の発達

→英語の脱英米化

Native Speakers

Non-Native Speakers

Japanese
Chinese
Indians
Koreans
Thais
Indonesians
Singaporeans
・
・
・

Native Speakers × Non-Native Speakers

4. インドの英語使用

　この点で、インド人の英語使用はとても参考になります。インドの言語学者 S・K・ダス（S. K. Das）はインド人の英語学習環境がインド化していることを念頭に、次のようにいっています。たしかに、インド人はインド人の言語文化の環境で英語を学習するので、英語のインド化は自然の成り行きでしょう。

"How many of us can grow up, as a native learner does, in the company of English nursery rhymes, fairy tales, the Bible...and English countryside? There is a wide gap between two cultures, and our ability to master finer points of the English language must necessarily be limited, and we cannot but use it with a difference."
(注8)

- -

　インド人の何人がイギリス人と同じような言語環境で育つのでしょうか。イギリスの童謡やおとぎ話、バイブル…そして田園風景といった環境のなかで。イギリス文化とインド文化には大きな隔たりがあります。そして、私たちインド人が英語の微妙な要素を習得するのには、当然のことながら、限界があるのです。私たちは英語を違うように使わざるをえないのです。

- -

　このことばをかみしめてください。これはインド人の専門家の一致した意見です。インド人とおつきあいをすると、こういった考えはごく当然であることがよくわかります。インド人の英語観は絵空事ではありません。現実的認識に基づいています。インドの文化社会のなかで、いかに効果的に英語を学習するかに気を配るのです。

　インド人の英語に対する取り組み方は、日本人の学習者にも大いに参考になります。インド人は英語を第2言語、あるいは第3言語として学習します。ですから、当然のことながら、彼らの英語の発音や抑揚は、彼らの母語であるヒンディー語やタミル語などの影響を受けます。しかし、インド人はこのことをあまり気にしません。この態度はおもしろい効果を生んでいます。

　つまり、彼らはインド式の英語の発音や抑揚の仕組みを確立し、それをうまく使いこなすことに成功しました。イギリス式の音韻体系を厳密に模倣する必要がなくなった分だけ、語彙や表現や構文の学習に努力と注意を集中することが可能に

なったのです。彼らの多くは複雑な文章を駆使し、実に淀みなく、華麗な英語を話します。

　興味深いことに、このようなイギリス臭のとれた英語は、海外でもけっこう評判がよいのです。アラブ諸国ではこの英語の特徴に注目して、インド政府に英語教師の派遣を依頼しています。インドは英語教師の供給国なのです。同じことは、規模こそ小さいのですが、パキスタンやバングラデシュやスリランカについてもいえます。

　もちろん、インド人教師はインド英語を海外に広めようなどとは考えていません。彼らは自分の学習経験に基づいて、英語に対して主体的に取り組む態度を培っており、それが諸国の人びとの共感を得るのです。また、彼らの英語運用能力の高さは、英語の利便性を強調する人びとのお手本になっています。

　日本は今後ますます、インドと深い関係を築くと期待されます。なにしろ、インドは 13 億の民を有する世界最大の民主主義社会なのです。両国が政治的経済的関係を深めるにつれ、ビジネス、観光、文化、そして留学などで、日本人とインド人が出会い、触れ合う機会が増えるでしょう。多くの場合、共通言語は英語になるでしょう。インド人の英語に早く慣れましょう。そして、日印英語コミュニケーションを通して、お互いに多くのことを学び合いましょう。

第2章　インド英語への誘い

1. インドへの道

　英語のインドへの移植は、イギリスが17世紀に東インド会社を設立したところから始まります。それは実質的にインド支配の第一歩でした。もっとも、英語の普及は18世紀になって、各地にミッションスクールが開学してからのことです。1830年代になると、インド王侯のなかにも、近代思想と科学技術の獲得のために英語教育を奨励するものもでてきました。

　インド人の教育にあたっては、英語を使うか、現地語を使うかをめぐって、長期の論争がありました。これに終止符を打ったのは、インド総督参事会委員として法制改革や教育政策に熱心であったトーマス・マッコーレー（Thomas Macaulay）でした。彼は1835年に「教育に関する覚書」（Minute on Education）を公布し、インド人に対する英語使用を支持しました。そのなかには、次の有名な文言があります。

"We must at present do our best to form a class who may be interpreters between us and the millions whom we govern; a class of persons Indian in blood and colour, but English in taste, in opinions, in morals and in intellect." (注9)

我々は現在、我々と我々が統治する大衆とのあいだの通訳となる集団を教育しなければなりません。彼らは血と肌の色ではインド人ですが、趣向、考え、道徳、知性においてはイギリス人と同じでなければならないのです。

　19-20世紀で植民地を手に入れた列強はことごとく、その植民地政策において、このような文化的同化主義を取りました。そして、言語教育はその強力な手段だったのです。もちろん、それは英語にかぎったことではありませんでした。マッコーレーの覚書では、英語を話すインド人はイギリス人ふうにならなければならないという前提があったのです。インド人はこの呪縛を断ち切るのに、多大の苦労を味わったのです。

　いずれにしても、1857年には、ボンベイ（現ムンバイ）、カルカッタ（同コルカ

タ）、そしてマドラス（同チェンナイ）にイギリス式の大学が創立されました。以後、英語はエリートのことばとしてインド社会に浸透していきました。また、英語を媒体とする学校（English-medium school）が私学の初等、中等教育レベルに広がり、この傾向を助長しました。

2. 英語は準公用語

　インドは1947年の独立後も、多くのインド諸語の公用語に加えて、英語を準公用語（associate official language）として残しました。そして、英語は現在、連邦の行政、司法、軍事のみならず、各州の経済、通商、教育、文化、メディアなどの面できわめて重要な役割を果たしています。英語は今や、インド人どうしが使う、インドの言語になったといえます。事実、インド文芸家協会（National Academy of Letters）は英語文学をインド文学のひとつに数えていますし、英字新聞はほとんどインド人の手によって作られています。

　このことはS・V・パラシャー（S. V. Parasher）がインドで行った社会言語学の調査でも明らかです[注10]。インド人になぜ英語が必要かと聞いたところ、次のような順位で理由があがりました。（1）科学技術の分野で最新の情報を獲得するため、（2）国際コミュニケーションのため、（3）母語の違うインド人とのコミュニケーションのため、（4）高等教育のため、（5）海外の情報を得るため。

　興味深いことに、「英語国民の文化を理解するため」という理由は、回答者の過半数の賛意を得られず、まったく低位でした。また、インドの学校で、どんな英語を教えるべきかという質問に対しては、インド英語を教えるべきであるという意見が強く表明されました。このようなはっきりとした意見は、アジアでも、しかも現在でもめずらしいことです。

　英語教育が普及し、英語がエリートから中間階級の人びとにゆきわたったため、英語の話し手の数も増加しています。インドの週刊誌 *India Today* の1997年8月18日号の調査によると、インド人の3人に1人が英語を理解すると答えたそうです。また、英語が得意とした人は5人に1人でした。当時の人口が10億人とすると、それぞれ3億3千万人と2億人に相当します。現在では、その数は急増しているでしょう。

　また、インド英語はインド亜大陸（あるいは南アジア）の英語といってもよく、パキスタン、バングラデシュ、ネパール、スリランカなどの英語を包摂しています。

英語の音調、語彙、文法などに多くの類似性があるのです。また、インド人（南アジア人）は、シンガポールやマレーシア、そして香港にも数多く居住しています。彼らも多くの場合、ずっと独自の英語の特徴を維持しています。さらに、ヨーロッパ、北米、アフリカに住むインド亜大陸出身者についても、同じことがいえます。インド英語の話し手の数は途方もなく多いのです。この意味でも、インド英語に興味をもつことは有意義でしょう。

3. インド英語の正当性

　インドにおける英語の役割は現在のところ、外国人との国際コミュニケーションのためとともに、同胞との国内コミュニケーションのためにも重要になっています。すなわち、インドは多言語社会ですから、母語の違うインド人は相互理解のためによく英語を使います。その結果、インド人にとって便利なインド英語が発生するのです。

　これについて、インド英語の先駆的な研究者であるブラジ・カチュル（Braj Kachru）は次のように述べたことがあります。彼の分析にある第3世界とは、アジア・アフリカ・中南米など、当時の発展途上国を指しています。このころは、東西冷戦まっただなかで、世界はソ連邦が支配する東側とアメリカが代表する西側に二分されていたのです。

"We must accept two premises concerning Indian English, as we should about any other Third World variety of English. First, that the users of Indian English form a distinct speech community who use a variety of English which is by and large formally distinct because it performs functions which are different from the other varieties of English. Second, that Indian English functions in the Indian socio-cultural context in order to perform those roles which are relevant and appropriate to the social, educational and administrative network of India." (注11)

- -

　私たちはインド英語について、2つの前提があることを認識しなければなりません。それは第3世界のどの英語にもあてはまることなのです。第1に、インド英語の話し手は独特の言語共同体を形成し、独特の構造をもった英語変種を使います。なぜならば、それ

は他の英語変種とは違った機能を果たすからです。第2に、インド英語の機能はインドの社会文化的状況の下で、インドの社会的、教育的、行政的枠組みに関連して、そこに適合した役割を果たすものなのです。

----

4. インド人のインド英語観の変遷

　実際、インド人がこのような英語観を確立するのには、長い年月と深い思索を経なければなりませんでした。インド人はずっと以前は、インド英語のことをあまりよくいわなかったようなのです。イギリスのタイムズ紙が1882年に、インド英語のことを"Baboo English"（インド人役人の英語）とか"funny English"（おかしな英語）と述べたことが、トラウマのようになっていたと思われます。

　baboo (babu) とはヒンディー語でいろいろな意味をもちますが、ここでは役人（事務員、書記）のことです。Baboo (Babu) English とは、植民地時代のインド人役人が使う、本から覚えた堅苦しい英語のことでした。インド人からしてみれば、一生懸命に読書をして学んだ英語を、そんなふうにいわれたのではたまったものではないでしょう。要するに、英語ができなければ無知といわれ、できれば格式ばったなどといわれ、まったく立つ瀬がなかったのです。

　その後も、"dog English"（犬の英語）、"bandit English"（盗賊の英語）、"a bear dancing, a dog walking on its hind legs"（熊の踊り、犬が後ろ足で歩くようなもの）、"incorrect English"（間違い英語）といった自虐的な言い方が、しばらく続きました。

　しかし、現在はだれがなんといおうとも、インド人はインド英語に熱い気持ちをいだいています。インド人の英語使用についても、しっかりとした自己主張がなされているのです。このことは、先に言及したダスやカチュルの発言に明確に示されています。同様に、インドの代表的な言語学者R・R・メーロトラ（R. R. Mehrotra）は、インド英語の正用法について、次のように述べています。

"What primarily concerns the majority of the speakers of English in India is the comprehensibility of their speech and writing on a pan-Indian basis. This leads us to the inevitable conclusion that we have to develop our own norms of acceptability instead of seeking every now and then the opinion of native speakers.... We do not want our whole vocation to be an endless imitation of the Queen's English. The English used in India cannot but take its shape from the contextual spectrum of its speakers—their lifestyles, their thought, ways, and the very ethos they breathe. The norms of acceptability change from place to place and time to time." [注12]

大多数のインド人英語話者の主要な関心事は、彼らが話したり書いたりする英語が広くインド全体で通じるかどうかです。私たちはこのために、インド人の語法規範をもたなければならなくなります。いつもネイティブの意見を聞いているようではこまります…。私たちはさまざまな職業のなかで、絶え間なくクイーンズ・イングリッシュを模倣し続けるわけにはいかないのです。インドの英語は必然的に話し手の位置する状況——生活様式、思想、習慣、そしてなによりも人びとが呼吸する民族の精神——のなかで形成されます。語法の規範は場所や時代によって変化するものなのです。

----

5. 現代インドの英語教育

インドの教育全般にわたる最近の方針は、National Council for Educational Research and Training（NCERT 全国教育研究研修審議会）が用意した National Curriculum Framework 2005（全国カリキュラム大綱2005）に基礎を置いています。そこでは、初等・中等教育課程の言語教育について、母語教育の保障、多言語教育の意義、3言語方式（母語、ヒンディー語、英語）の徹底、そして国際言語としての英語の重要性を強調しています。

また、英語教育政策の要諦は、NCERT 発行の *Position Paper: National Focus Group on Teaching English*（『英語教育に関する全国フォーカスグループ白書』（2006年発行））に詳細に述べられています。現在、英語は教科として多くの州や連邦直轄地区で、小学校1年もしくは3年から導入されています。英語教育に対する国民の熱望は強く、英語は全国的、国際的活躍のシンボルになっています。

同時に、英語教育の全国的状況には、家庭の収入や地方の対応などによって、さまざまな格差がみられます。しかし、NCERT は英語教育を国民に保障されるべ

き基礎教育のなかに組み込み、その拡充によって、格差の是正をはかろうとしています。インドの巨大な人口を考えるとこれはとてつもない大問題ですが、前述の『白書』には教育環境整備を含めて、その具体策が述べられています。

また、『白書』はインド英語にも言及し、広く理解されるかぎり、それを許容する態度を示しています。"It is obvious that we do not think that Indian English is an inferior variety; nor is that Indian teacher's English inferior, once proficiency—a basic grammatical competence in the language—is ensured. (p. 20)"（私たちはインド英語を劣った変種と考えていません。インド人教師の英語も劣っているとは思いません。ただし、英語の基本的な文法力がなければなりません）また、不十分な英語力をインド英語といって、ごまかしてはならないとも述べています。

6.　3言語方式

インドの言語教育では、1960年代から3言語方式（three language formula）というのが採用されています。これはごく大ざっぱにいうと、すべてのインド人は、（1）地域（州）言語、（2）一般言語（ヒンディー語など）、そして（3）英語の3言語を学ぶものとするという教育政策です。この方式は小学校から始まります。

初等、中等教育では、公立校では母語（地域語）が媒体として使われ、英語は学科として学びます。もっとも、私立になると、英語で授業をするところがたくさんあります。そこにはもっぱら、上流階級の子弟が通学しています。英語の地位拡大に反対し、地域言語の振興を声高に主張する政治家も、子どもをそこに通わすという話をよく耳にします。

英語教育は困難な状況にもかかわらず、かなりの成果をあげています。英語教育界の指導者であるS・K・バルマ（S. K. Verma）は、発信型を強調して次のように述べます。"(We) must be able ... to project the Indian view of life and universe, and the Indian socio-cultural systems to the Western world." (注13)（私たちは…インド人の人生観、宇宙観、そしてインド人の社会文化システムを西洋世界に投影できる能力を獲得しなければなりません）

インドの英語教育は、インド人の発信能力の育成に成功していると思われます。インド人はとにかく、よくしゃべります。発音やイントネーション、そして単語や

表現でわかりにくいところもありますが、たくさんしゃべってくれるので、こちら
は彼らのいいたいことがなんとなくつかめてしまうのです。日本人が見習わなけ
ればならないことだと思います。

　もっとも、インド英語といっても、それはひとつのものではありません。インド
英語にも多様な変種があります。それは一般に学習程度からみて、3つの枠を考
えることができます。すなわち、タイプ1、タイプ2、タイプ3です。タイプ1の
英語は、独立・建国の志士マハトマ・ガンジー（Mahatma Gandhi 1869-
1948）やジャワハーラル・ネルー（Jawaharlal Nehru 1889-1964）、そして
作家のR・K・ナラーヤン（R. K. Narayan 1906-2001）やラジャ・ラオ（Raja
Rao 1908-2006）などに代表され、文法的にも修辞的にも実に格調の高い英語
です。

　タイプ3は、無学のものが聞きかじりで使うような英語を指します。以前は、道
端の物売りがダンボールにFrogs（カエル）と書いてfrocks（上っ張り）を売って
いたり、Tiffany's という名の露店が tiffin（弁当）を売っていたそうです。一番目
は明らかに、間違い英語でしょう。（日本にもまだこういった事例はたくさんあり
ます。）二番目はミスともとれますが、シャレとも、格好をつけた人に一泡吹かせ
たともとれるでしょう。

　重要なのはタイプ2の英語です。これは世界の人びとが一番多く耳にし、目に
する英語なのです。大学や短大の教育を受けたインド人が話す英語でもあります。
いずれにしても、インド英語は一様ではないことを知っておいてください。以下
では、いわゆる教養あるインド人の話すタイプ2の英語を中心にして、記述を進
めます。

第3章

インド英語のいろいろな発音

教育を受けたインド人は、英語を非常に流暢に話します。しかし、彼らはおしなべて独特の発音・抑揚を使います。語彙や表現、また文法にもいろいろな特徴がみられます。さらに、文章スタイルやレトリックにも、独自のものが感じられます。インド人にとって、英語は彼らの言語なのです。私たちはインド人とおつきあいをするさいに、こういった特徴に慣れる必要があるでしょう。

1. 発音

発音を文字で説明するのは困難なので、以下では簡単に概要を記します。くわしいことは、第3部「インド英語に耳を澄ます」で説明します。そこでは、実際のインド人の英語をたくさん聞きますので、彼らの特徴を実感できるでしょう。

(1) 綴り字どおりの発音

インド式の発音の一例をあげると、「綴り字どおりの発音」（spelling pronunciation）があります。Wednesday を「ウェドゥネスデー」とか「ウェドゥンズデー」と発音する人がけっこういます。シンガポールやマレーシアにいるインド人も同じです。特に、インド人どうしで話すときに、こうなるようです。別の例をあげると、次のものなどがあります。

- silly は「シルリ」、remain は「リマイン」、laugh は「ラウフ」のようになったりします。イギリス人やアメリカ人は tomato を「トメイト」としますが、インド人は「トマ（ー）ト」が普通です。日本人や他の国の人びとでも、だいたい同じです。

- wanted、washes、except、perfect、develop、useless、goodness、tallest、object などで、アクセントのない /-e-/（イタリックで表示）は、英米英語のように弱形の [ə]（ア）にならず、そのまま [ɛ]（エ）と発音されます。

- John's、needles などの /-s/ は、有声の [z]（ズ）でなく無声の [s]（ス）になります。

- kicked、picked、attacked などの /-d/ は、[t]（ト）でなく [d]（ド）になりがちです。

- mechanism が「メカニズム」でなく、/-s-/ のとおり、「メカニスム」になったりします。
- turn、nurse、north、force、cure、learner、square などでは、/-r-/ は発音されます。ただし、この [r] は、舌先を口蓋で弾くようにして発音されます。これを「弾音の r」といいます。「トゥルン」「ヌルス」「ノルス」「フォルス」「クール」「レルネル」「スクウェール」などです。

(2) 二重母音は短母音に
- face は「フェイス」よりも「フェ（ー）ス」、late は「レイト」よりも「レ（ー）ト」。
- home は「ホウム」よりも「ホ（ー）ム」、goat は「ゴウト」よりも「ゴ（ー）ト」。両方とも、日本人の英語に似ていますね。このために、"The snakes are in the hole." (穴にヘビがいる) が "The snacks are in the hall." (ホールにスナックがありますよ) と聞こえることがあるそうです。

(3) thing, this では、[θ] が [t]、[ð] が [d] になります。three は tree のように聞こえます。

(4) /t/、/d/、/n/、/l/ は反り舌子音（retroflex consonants）になります。反り舌音とは、舌先を反らせて（丸めて）硬口蓋に当てて出す音です。take、certificate、Denmark、London、knowledge などの発音を注意して聞いてください。

(5) casual、division、pleasure の [ʒ] は [ʃ] になります。「カシュアル」「ディヴィション」「プレシャー」といったぐあいです。

(6) divorce、consider などでは、/-i-/ は「イ」でなく「アイ」のようになりがちです。これは direct を「ダイレクト」と発音することから生じた一般化現象といえます。ここには「綴り字どおりの発音」をしのぐ強制力があります。

2. アクセント（ストレス）

　インド英語（IE）には英米英語（BAE）とは違ったところにアクセント（ストレス）を置く語がいくつかあります。その多くはインド諸語の抑揚の影響を受けたものです。以下の表記では、ノの記号の音節にストレスがあることを示しています。

- díplomat (BAE) ディプロマット　➡ diplomát (IE) ディプロマット
- nécessary (BAE) ネセサリ　➡ necéssary (IE) ネセサリ
- átmosphere (BAE) アトモスフィア ➡ atmosphére (IE) アトモスフィア
- económic (BAE) エコノミック　➡ ecónomic (IE) エコノミック
- áctually (BAE) アクチュアリ　➡ actúally (IE) アクチュアリ

3. ボイスボリューム

　インド英語の話し手はときに音声が声高で、興奮しているとか怒っているように聞こえることがあります。逆に、インド人からみると、英米英語の話し手は冷たいという印象を与えることもあるそうです。第3部「インド英語に耳を澄ます」で確かめてみましょう。

4. シラブルタイム

　英語の話しの流れには、ストレスタイム（stress timed）とシラブルタイム（syllable timed）があります。前者はストレスを基礎に流れてゆき、後者はシラブルをもとにして流れてゆきます。両方の発音を極端に表記すると、以下のようになります。

- I am / thinking / of you. (stress timed)（アイム / シンキン / ゴブュ）→ I / am / thin/king / of / you. (syllable timed)（アイ / アム / シン / キング / オブ / ユ）なお、英米英語（BAE）ではI amはよくI'mのように短縮されますが、インド英語（IE）ではあまりそういったことにはなりません。
- I got up at eight / in the morning. (stress-timed)（アイガッタッパテイ / ティンザモーニング）→ I / got / up / at / eight / in / the / morning. (syllable timed)（アイ / ガット / アップ / アット / エイト / イン / ザ / モーニング）

　イギリス人やアメリカ人は前者、インド人やその他の多くの非母語英語話者は、後者の言い方を特徴としています。

5. 母語差

　注意しなければならないことに、インド英語のなかにはさまざまな変種があります。インド英語は実に多様で、地域の言語文化や話し手の教育経験といった社会的変数によって、いろいろなパターンに分類できます。地域でみると、発音などに大きな差異がみられます。次はその一例です^(注14)。

タミル英語

Eye yate yeleven yeggs. (I ate eleven eggs.)

- /a/ や /e/ の前に /y/ を入れる。

ヒンディー英語

It is terribull. Prejence is poor in i-school. (It is terrible. Presence is poor in school.)

- 子音と子音の間に母音を入れる：terrible → terribull
- [z] の代わりに [dʒ] を使う：presence → prejence
- /s/ の前に /i/ を追加する：school → i-school
  同様に、speak → i-speak

パンジャビ英語

Go sutterait in the suttereet and ju bill find the house ju bant! (Go straight in the street and you will find the house you want!)

- /st/、/sp/、/tr/ などの子音連鎖を分割して、母音（/u/ や /e/）を入れる：straight → sutturait、street → suttereet（-tt- は「（ス）ット」の感じ）
  同様に、school → suchool、speak → supeak
- /y/ の代わりに /j/ を使う：you → ju
- /w/ の代わりに /b/ を使う：want → bant

第4章 インド英語の語彙体系

1. 多様な言語源泉

インドは多言語社会であり、かつ重層社会なので、インド英語の語彙はその豊富な言語文化の源泉を利用して、実に大きな体系をなしています。ここでは、それを記述する簡単なモデルを示しておきます（図5参照）。このような記述は、他国でもあてはまる場合が多いです。インド英語の語彙は、まず、現地語を基盤としたものと、英語を基盤としたものに分けられます。

■図5 インド英語の語彙体系

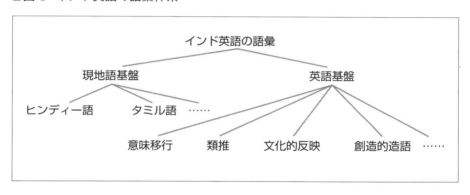

現地語を基盤にしたものは、さらに、ヒンディー語やタミル語などのさまざまな広域・地域言語の影響を考慮しなければなりません。英語を基盤としたものは、インド人がインドの自然環境や社会構造に合わせて、英語を使いこなすなかで、こしらえたものです。いろいろと興味深い工夫がなされています。次にいくつかのカテゴリーに絞って、若干の例をあげておきます。

2. 現地語基盤

インドには22の言語が公用語として制定されていますが、それ以外にも何百という地域・部族言語が存在します。それらにそれぞれの方言を加えると、広大な言語風景になります。そして、さまざまなインド起源の言語の語句が英語のなかに組み込まれます。しかし、なんといっても一番影響力の強いのは、ヒンディー

語でしょう。以下は、インド人の英語のなかによくみられるものです。

(1) 日常生活のことば

- chapati チャパティ（インドのパン。インド料理の必需品。全粒粉を発酵させずに水で練り、薄く伸ばして鉄板で焼いたもの）
- roti ロティ（酵母の入らない、平たくて丸いパン）
- ayuruveda アユルベーダ（インド式医学）
- amrita （飲みものなどが）甘くておいしい
- arrack 地酒
- babu (baboo) 書記、役人
- masala まぜまぜ（食べ物にいうが、ボリウッドの映画にもいう）例：It was a typical masala film, you know—lots of action and romance. （それは典型的なボリウッド映画で、アクションとロマンスのまぜまぜだ）
- gherao 労働組合員が経営者をつるしあげる 例：Mr. Gupta was gheraoed for two hours last night. （グプタ氏は昨夜 2 時間ほど組合員につるしあげられた）
- chamcha ごますり（chamchofy はその動詞化で「ごまをする」）例：She chamchofies the big men. （彼女は上役にごまをすっている）
- maro 獲得する 例：You must maro at least 80% marks if you want a good job. （最低 80 点を取らないと、よいところに就職はできない）
- lagao 駆使する 例：I lagaoed a lot of pull. （私は影響力を駆使した）

(2) 現地語＋英語

当然ながら、インド諸語と英語が複合する語句も生まれます。日本語の「歯ブラシ」「運転ミス」「業績アップ」のようなものです。

- lathicharge 警察が竹製のこん棒 (lathi) で群衆に構える (-charge) こと
  例：The police resorted to lathicharge and opened rounds of fire into the air to disperse the stone pelting mob. （警察はこん棒を使い、空砲を打ちながら、投石する暴徒を追い払った）
- bhabhihood 義理の姉妹 (bhabhi) 関係 (-hood)（インドの親族関係では重要視される）

- coolidom 荷揚げ人（cooli）の職、世界（-dom）
- motor gari 原付四輪車（motorboat「モーターボート」からの類推。gari とは牛［馬］車のこと。過去の風景を今風に記述している）
- double roti 2枚重ねのパン（パン工場が製造する。自家製のパンは一枚焼き）
- rickshaw walla 人力車夫（walla（wallah とも綴る）は「〜の仕事をする人」「〜の出身者」もしくは「大物」などの意味）
- Congressman walla 国民会議派のメンバー・支持者
- Delhi walla デリー出身者
- pan walla インド風のチューイングガムの売り子（pan（パーン）はキンマ（betel）の葉。ビンロウの実（betel nut）をキンマの葉で包んだものをガムのように噛む）

（3）インド諸語から一般英語になったもの

　同時に、興味深いことに、インド諸語から一般英語になったものが実にたくさんあります。たとえば、ginger、orange、mango、pepper、rice などがそうです。

- khaki カーキ色の（服装）
- pajama パジャマ（ヒンディー語の「ゆるいズボン」から）
- bandana バンダナ
- jungle ジャングル
- bungalow 平屋住宅（夏季用の小別荘。ベランダで囲んだ草ぶき、瓦ぶきの屋根の平屋。日本語のバンガローとは感じが違う）

次なども、よくみたり、聞いたりするでしょう。

- dhobi 洗濯屋
- durzi 仕立屋
- almirah 「アルミーラ」「アルマイラ」衣装タンス
- juggernaut 恐ろしい犠牲を強いる絶対的な力（巨大な組織、根強く残る制度、風習など）**例**：a multi-media "feel-good" content juggernaut（「快適な気持ち」を造り出すマルチメディアコンテンツの絶対的な力）
- loot 略奪（する）**例**：Looting was rampant in the racial riot in the region.（その地域でおきた人種暴動では略奪行為が横行した）
- pundit 学者、ジャーナリスト **例**：The pundits said that the new Prime Minister would revitalize the Indian economy.（学者による

と、新首相はインド経済をさらに活性化させるだろう）

- guru グル、専門家、カリスマ的指導者 例：management guru （経営の神様）

3. 英語基盤

　また、インド人はインド社会のなかで、英語を自分なりに使ってきました。そして、自分の生活様式に合った言い方をいろいろとこしらえてきました。それらの生成には、主として、3つの過程があります。

(1) 意味移行 (semantic shift)

　意味移行とは、イギリス英語で使われる語句の意味がインド英語になると変化することをいいます。意味が拡大されたり、縮小されたり、あるいは他の要素が加わったりします。

- alliance （同盟→）結婚
- balance （残高→）お釣り
- boiled （ゆでた→）（カレーなどが）あまり辛くない
- hotel （ホテル→）レストラン
- colony （居留地→）特定の住宅街
- compound （居住区域→）集落
- auto （自動車→）2輪車オートバイに客用の幌を付けたタクシー
- tempo （速度→）3輪車に客用の幌を付けたタクシー
- source （源泉→）コネ 例：You cannot get a good job without source. （コネなしでは就職は難しい）

　これでおわかりのように、たいがいの意味移行は因果関係がなんとか解釈できるでしょう。ところが、なかなか移行の因果関係がつかめないものもあります。その一例として、offer と give があります。

- offer （提供する →）受領する 例：What subjects did you offer at college? （大学ではどんな科目を勉強しましたか）＊ offer は devote と同じく「（〜に）身を差し出す」というニュアンスがあり、ここでは学科を勉強する、選ぶ、の意味になる。
- give （与える→）得る 例：My daughter also gives her piano exams from the music school. （娘は音楽学校のピアノレッスンを受けている）

＊ exam は lesson、exercise のこと。ヒンディー語では give exams といい、take exams とはいわない。そこで、インド人は英語でも、give exams としがち。

（2）類推 (analogy)

従来の英語の語構成規則を利用して、独自の表現を作ること。

- **prepone** 前倒しする ＊これはインド英語の類推造語の典型的な例で、postpone（延期する）の post-（「後」を示す接頭辞）を pre-（「前」を示す接頭辞）と入れ替えたもの。
- **de-confirm、de-recognize** 確認を解除する、認識を取り消す ＊接頭辞 de-（脱）を利用して、自由に造語する。de-friend（絶交する）は friend を動詞に使用している。
- **eveninger** 夕刊（evening + -er）
- **school goer** 生徒（go to school から）
- **teacheress** 女性教師 ＊ poetess（女流詩人）のように、女性を表す接尾辞 –ess を使用。
- **free studentship** 授業料免除の学生（free+studentship）＊ free-ship ともいう。-ship（名詞につけて抽象名詞を造る接尾辞）は身分、集団などを表す。
- **needful** 必要な（need+-ful）＊イギリス英語では needed。 **例：Do the needful.**（必要なことをやってください）
- **debtful** 借りのある（debt+-ful）＊イギリス英語では debted。
- **affectee、awardee、recruitee** 影響を受ける人、受賞者、リクルートされる人 ＊接尾辞 -ee（〜される人）を自由に使う。
- **age-barred** 年齢制限あり（反対は age no bar）。＊ color bar（皮膚の色による差別）から。
- **full-boiled、half-boiled、hard-boiled、soft-boiled eggs** 完ゆで、半ゆで、固ゆで、柔らかゆでのたまご ＊以前からある hard-boiled、soft-boiled に新たな言い方を追加している。

（3）文化的反映（cultural reflection）

インドの社会風土や伝統文化を反映させた表現。類推による語法が多い。

- **interdine** カーストの異なる人びとが食事をする

- intermarry カーストの異なる人びとが結婚する
- caste-dinner カースト晩餐会 ＊家族の重要な行事（葬式、誕生、結婚、宗教的祭りごとなど）に開催。また、家族、コミュニティ、村落内のもめごとが解決したさいにも開かれる。たいがい、同じカーストの人びとが招かれる。
- outbook 教科書以外の参考書
- family protector 家長 ＊拡大家族では、最高齢の男性がこの役割を果たす。家族のすべての行動は家長の承認を必要とする。核家族では父親がこれにあたる。家族の氏神を指すこともある。
- half-pants ショートパンツ
- back paper 本の裏表紙
- flower bed 花壇
- service holder 政府の役人 ＊インド英語では政府の職のことは service といい、他の職のことを job という。
- an egg, double fry たまご1個、両面焼き ＊インド独特の言い方。目玉焼き (sunny-side up) のことだが、両面をしっかりと焼く。
- open[close] the light[radio, television] 電気 ［ラジオ、テレビ］をつける ［消す］ ＊電気やラジオ・テレビを「開閉」の観点からいう。アジア諸国の英語に広くみられる。

(4) その他の創造的造語

インド人はちょっとした言い方のなかに、おもしろい、気の利いた言い回しをたくさん造っています。

- life companion 生涯の伴侶
- standing photograph 立ち写真
- mass-cut 集団で授業を休むこと（学生用語）
- face-cut プロフィール
- cut jokes 冗談をいう
- pen-down strike 事務職員のストライキ（筆記用具を置くことから。tool-down strike は熟練労働者のストライキ）
- cooling glasses サングラス
- finger chips フレンチフライ（実に描写的な表現）

- groundnut 落花生、ピーナツ（「地下に生えたナッツ」から。発音は綴り字どおりの「グローンドナッツ」）

- You do one thing. これをしたらいい（サジェスチョンのことば。「私のいうとおりにやってごらんなさい。きっと役に立つかもしれませんよ」の感じ）例："My computer keeps getting hung." "Do one thing. Clear your history. Delete your cookies. Defrag your drive. Run a virus check. Restart the computer."（「パソコンがフリーズしちゃった」「こうしたら。ヒストリーを消し、クッキーを削除し、ハードドライブをデフラグする。ウィルスチェックをかける。そしてリスタート」）

- cheap and best 安いけど最高

- as if （あたかも〜のように→）ありえない 例："She told me she was going to marry a Maharaja." "As if."（「彼女はインドの王族と結婚するといっています」「ありえないよ」）＊ Maharaja の発音は「マーハラージャ」。

- as best as you can ベストをつくして 例：Try as best as you can.（ベストをつくしてやってください）

- Closed on Sundays and half-closed on Mondays. 日曜日休業、月曜日半ドン

- He likes his bed tea every day. 毎日ベッドでお茶を飲む（「毎朝」のことだが、every morning とはあまりいわない）

- Rats are exercising in my belly. ネズミがお腹で運動している（I am hungry. のこと）

- Stop eating my head. ガミガミいうのはやめて

- deliver a mouse 大山鳴動して鼠一匹 例：After labouring hard for three days, the BJP's four-day brainstorming session delivered a mouse.（3日間にわたる努力にもかかわらず、BJP の集中審議はなんの解決策ももたらさなかった）＊ BJP は Bharatiya Janata Party（Hindu Nationalist Party インド人民党。ときにヒンズー至上主義ともいわれる）のこと。2014年6月に誕生したナレンドラ・モディ首相が率いている。

次の文章には、インド英語の語彙や語法がたくさんみられます。（イタリック部分参照）

When I came back, they were all in the *sit-out*. Mummy was gossiping as usual: she was *telling* that a friend of hers who is *carrying* had been deserted by her husband. "He has gone off to his *keep*. What a *third-class* fellow! He should be *shoe-beaten*." She was getting quite excited and, to change the subject, Uncle mentioned that Oxford, the *reputed* publishers, had *this morning only* sent him a new book that he was sure Mummy would find *very much* interesting. The book, about Indian and British English, was, he said, in two parts.... Now Mummy has a *soft corner* for the English language and was only waiting for an opportunity to *discuss about* it. "*Yes-Yes*! In every *nook and corner* of the country people are *talking* Indian English." (注15)

- -

私が帰宅したとき、みんなは庭にある憩いの場に出ていた。ママはいつものようにゴシップに花を咲かせていた。そして、妊娠中の友だちが夫に捨てられた話をしていた。「彼は2号のところに行ったんですって。最低ね。靴たたきに値するわ」ママはひどく興奮していたので、叔父は話題を変えようとして、有名な出版社のオクスフォードが今日の朝、新刊書を送ってきて、ママにも非常に興味深いのではないかといった。その本はインドとイギリスの英語についてのもので、2部からなっているということだった。… ママは英語にとても興味をもっており、その話を待っていた。「そうよ。この国ではどこでもみんなインド英語を話しているわ」

- -

- sit-out 庭の一角で、家人がくつろいだり、来客をもてなす場所（baithak ともいう）
- telling ＊イギリス英語では saying。
- carrying 妊娠中（婉曲語法で目的語を省略している。She is due. ともいう）
- keep 2号さん（mistress, concubine）
- third-class ＊イギリス英語では third-rate。
- shoe-beaten 靴たたきにあう（to shoe-beat より。靴やスリッパで人をたたくことはその人に対する最大の侮辱となる）
- reputed 評判の（一般英語になっているが、インド人はインド起源と考える）
- this morning only 今朝まさに（「今朝」を強調した言い方。today only「まさに今日」、now only「いましがた」も同じく強調した表現）

- very much　非常にとても（インド人は強調が好き。very best や Yes-Yes、No-No も同じ傾向の表現）
- soft corner　泣きどころ　＊イギリス英語では soft spot。
- discuss about　＊英米英語では前置詞は不要。インド英語では mention about も可。なお、この語法はシンガポール、マレーシア、フィリピンなどの英語公用語国でもよく使われる。もちろん、日本人もよくやる。
- nook and corner　隅々　＊イギリス英語では nook and cranny。
- talking　＊イギリス英語では speaking。

4. インド英語のポットラック

次に、インド英語のいろいろな風景をみてみましょう。

（1）呼称のいくつか

- ... ji　～さん、～様（男女を問わない）　例：Gandhi ji（ガンジーさん）、guru ji（先生様）、Uncle ji（おじさん）＊なお、Sharmaji、Sharma-ji のように書くこともあります。
- ... sahib　～さん（ていねいな言い方。発音は「サーヒブ」）　例：Director sahib（所長さん）
- Sri/Shri ...　～さん、～様（ヒンドゥー教徒の男性）　例：Shri Guputa（グプタさん）
- Srimati/Shrimati ...　～さん、～様（ヒンドゥー教徒の女性）　例：Shrimati Anamika（アナミカさん）
- ... sir　旦那、先生　例：Verma sir（バルマ先生）、Sir ji（先生様）＊英語の sir に ji を加えたもの。
- ... miss / ... madam　女性の先生　例：Sharma miss / Sharma madam（シャルマ先生）、Madam ji（奥さま）

（2）親族名称のいくつか

インドは親族の構成が複雑で、それにともない親族名称も多岐にわたっています。

- cousin-brother　男のいとこ　＊ brother の発音は「ブラダル」。
- cousin-sister　女のいとこ　＊ sister の発音は「シスタル」。

- co-brother 妻の姉妹の夫
- co-sister 夫の兄弟の妻

（3）よく聞く間投詞

インド人の会話にはいろいろな間投詞がちりばめられます。次の２つはよく耳にすることでしょう。

- Achcha（アッチャー）はい、あれまあ、そうですね **例**："I will be waiting for you at six in the lobby." "Achcha."（「6 時にロビーで待ってますよ」「はい」）
- Arrey（アレイ）ねえ、あなた、いいかい **例**："Arrey, if you don't think of your old mother, at least think of your sister Champi."（「ねえ、自分の年老いた母親のことを考えないなら、妹のチャンピのことを考えなさい」）

（4）独特の数詞

インドには独特の単位があり、それらはインド英語のなかでも使われます。

- lakh（ラーク）10 万 ＊ 1,00,000 と書く。 **例**：His annual is more than two lakh rupees.（彼の年収は 20 万ルピー以上だ）
- crore（クロール）1000 万 ＊ 100 lakhs。1,00,00,000 と書く。 **例**：We are engaged in a multi-crore rupee business.（数千万ルピーの事業をやっている）
- arab（アラブ）10 億 ＊ 100 crores。1,00,00,00,000 と書く。 **例**：We need two arab rupees to buy that hotel.（ホテル買収には 20 億ルピーかかる）

（5）カースト（ヒンディー語でヴァルナ）

Caste（Varna）（カースト）は 2,000 種近くあるといわれています。一般には、次の言い方があります。

- Brahmin 司祭階級、バラモン
- Kshatriya 武士階級、クシャトリア
- Vaisya 庶民階級、商農牧階級、バイシャ
- S(h)udra 労働者階級、シュードラ
- Scheduled castes (SC) 指定カースト ＊上記の 4 集団以外の下層階級に代

わる公式名称。差別解消のため各種優遇措置が実施されている。
次の文章にはカーストの現況が鮮明に綴られています。

Not all deaths are equal. There's a caste system even in the murder. The stabbing of an impoverished rickshaw-puller is nothing more than a statistic, buried in the inside pages of the newspaper. But the murder of a celebrity instantly becomes headline news. Because the rich and famous rarely get murdered. They lead five-star lives and, unless they overdose on cocaine or meet with a freak accident, generally die a five-star death at a nice grey age, having augmented both lineage and lucre.(注16)

死はすべて平等に扱われるわけではない。殺人にもカースト制度がかかわる。貧しい人力車夫の刺殺事件は統計上のできごと以外のなにものでもなく、新聞の片隅に埋葬される。しかし、有力者の殺人は即時トップ記事になる。なぜならば、金持ちや有名人はめったに殺害されることはないからだ。彼らは最高の生活をおくり、コカインの過剰摂取や異常な事件に見舞われないかぎり、たいがい高齢で優雅な死を迎え、子孫と財産を残す。

(6) 頭文字語

インド英語には見慣れない、聞き慣れない頭文字語がたくさんあり、注意を要します。

- BSE　　Bombay Stock Exchange ボンベイ証券取引所
- CBI　　Central Bureau of Investigation 中央捜査局
- CVC　　Central Vigilance Commission 中央監視委員会
- FICCI　Federation of Indian Chambers of Commerce and Industry インド商工会所連盟
- FII　　Foreign Institutional Investors 外国機関投資家
- FOC　　Free of Charge 無料
- LoC　　Line of Control in Kashmir between India and Pakistan 規制線（カシミールに設けられたインドとパキスタンの境界規制線）

- ONGC   Oil Natural Gas Corporation 石油天然ガス公社
- RBI   Reserve Bank of India インド準備銀行
- SAARC   South Asian Association for Regional Cooperation
           南アジア地域協力連合

(7) 略語

同じく、略語も多いようです。なかには、なるほどと思うものもあります。

- abs   absolutely まったく
- agro   aggressive 積極的な
- exp   expensive 高価な
- fundas   fundamentals 原理原則
- hospi   hospital 病院
- lab ass laboratory assistant 実験助手
- mod   modern モダンな
- pross   prostitute 売春婦
- senti   sentimental センチメンタル
- tkts   tickets 切符

(8) インド英語丸出し（婚活広告から）

インドの英字新聞には matrimonial（結婚のため）と呼ばれる婚活の広告（advertisement：インド英語では advert）がいつも載っています。それはたいがい頭文字語や略語にあふれています。しかも、それらはこの分野に特有のものです。以下に、その例を示します。ほとんどのインド人はこれらをすぐに理解します。外国人も慣れれば大丈夫でしょうが、初めは、なかなか大変です。注釈をつけておきます。なにしろ、インド英語丸出しですから [注17]。なお、インドの婚活広告はたいてい、当人ではなくその親が掲載を依頼し、費用を支払います。「家族の電話番号」などが含まれているのはそのためです。

(a)

PQ Wrkg Mnglik/NMnglik M4 Khatri, smart boy BE MBA 15.11.84/10.20pm Delhi 5'10" Wrkg, Pvt Bank Delhi 9 LPA BHP 9891...... EM: .....@......	（訳）結婚相手求む。専門職を有し、マンガリクでもノンマンガリクでも可。当方パンジャビ・ヒンディー教徒カトリ階層、有能な青年で工学士、経営学修士、84年11月15日午後10時20分デリー生れ、身長5フィート10インチ。勤務先はデリー市内の民間銀行、年収90万ルピー。履歴書、ホロスコープ、写真求む。電話9891… Eメールは .....@......

（略字等説明）

PQ: Professionally Qualified 専門職の資格を有する

Wrkg: working 就職している、〜に勤務している

Mnglik/NMnglik: Mangalik/Non-Mangalik 火星の人でも、そうでなくても可 ＊インドの占星術では火星（マンガリク）の人は非常に強く、マンガリク以外の人との結婚にあまり向かないとされている。

M4: Match for 結婚相手を望む

Khatri: カトリ（パンジャビ・ヒンディー教徒のカースト階層のひとつ）

smart boy: 有能な青年

BE: Bachelor of Engineering 工学士

MBA: Master of Business Administration 経営学修士

15.11.84/10.20 pm Delhi: 84年11月15日夜10時20分デリー生まれ ＊出生情報は星占いに必須とされる。

5'10": 身長5フィート10インチ

Pv: Private 民間の

Bank Delhi: Bank in Delhi デリーの銀行

9 LPA: 9 Lakhs per Annum 年収9ラーク（90万ルピー）

BHP: Bio-data, horoscope and photograph required 履歴書、ホロスコープ、写真求む

9891..... EM: Phone number & Email 当方電話、メールアドレス

(b)

SM4 FARIDABAD BASED, H'SOME Himachali Rajput boy 29/5'11" M.Com, MBA, CS, Wrkg MNC Wellstld. Fmly # 9891...... Em: .....@......	(訳) 結婚相手募集。ファリダバド在住のハンサムなヒマチャル出身ラジプト階層の青年、29歳身長5フィート11インチ、商学修士、経営学修士、企業秘書コース修了。多国籍企業勤務。生活は安定。家族の電話番号は9891……、Eメールは …..@……。

（略字等説明）

SM4: Suitable match for 結婚相手募集

FARIDABAD BASED: ファリダバド在住の

H'SOME: Handsome ハンサムな

Himachali: ヒマチャルプラデシュ出身

Rajput: ラジープト（昔、インド北部を支配した士族カースト）

boy: 青年

29/5'11": 29歳身長5フィート11インチ

M.Com: Master of Commerce 商学修士

CS: Company Secretary 企業秘書コース修了（企業業務省（Ministry of Corporate Affairs）所管のインド企業秘書学院（The Institute of Company Secretaries of India）公認プログラム修了生。日本の一般的な秘書というよりも企業法務部の仕事に近い）

MNC: Multi National Company 多国籍企業（非常にセレブな感じ）

Wellstled: Well settled 生活が安定した

Fmly #: Family phone number 家族の電話番号

(c)

DEL BASED, H'SOME, RAJPUT BOY DOCTOR (ORTHO), 03/87, 6'0" Own clinic, seeks tall, beautiful, fair, Rajput girl match. Send BHP Dr.MeenakshiSingh@....com Ph- 9891......	（訳）デリー在住のハンサムでラジープトの青年整形外科医、1987年3月生まれ、6フィート。クリニック所有。長身で美人、色白のラジープトの女性を求む。履歴書、ホロスコープ、写真求む。メールアドレスは Dr.Meenakshi Singh@....com、電話番号は 9891……。

どうですか、だんだんと読めるようになってきたのではないでしょうか。

（略字等説明）

DEL BASED: Delhi Based デリー在住の

ORTHO: Orthopaedist 整形外科医

(d)

Sm4 Brahmin, Mangalik boy born 6 Dec 1984, 7:30 pm, Sonepat 5'5"/MCA Wrkg Hongkong, Pref. Girl PG in Finance or Science. Contact – 9891......	（訳）結婚相手求む。こちらバラモン階層、マンガリク青年、1984年12月6日午後7時30分ソネパト生まれ、身長5フィート5インチ、コンピューターアプリケーション修士。香港勤務。希望はファイナンスかサイエンスの大学院学位取得の女性。連絡先は 9891……。

（略字等説明）

Sonepat: ソネパト（デリー近郊の地区）

MCA: Master in Computer Application コンピューターアプリケーション修士

Pref: preference 望みをいうと

PG: postgraduate degree 大学院学位

これらの例からもわかるように、婚活は以前から男性が優勢です。多くの男性は最近では働く女性を求めているようです。ホロスコープは以前ほど重要視されませんが、それでも現在でも求められます。男性によっては、高学歴の女性を求め、特定の学問分野を指定することもあります。また、依然として、色白で、美人で背の高い女性が好まれるようです。そして、家族の電話番号が掲載されていることが示すように、個人の結婚に家族が関係していることもわかります。

第5章　インド英語の表現と文章

1. 優雅な言い方

インド人は文学、とりわけ詩を愛する人びとです。英語の学習でも、とくに一昔前は、18世紀や19世紀の英文学を教材にしていたそうです。そのため、彼らは古典的で、文学的なことばを好みます。私はインドで出会った大学生に、"You speak English very well." といったところ、彼は "Thank you. I have toiled on it for many years."（toil on = せっせと精を出す）と答えたものでした。

インド人は「死ぬ」というのに、die とはあまりいいません。pass away でも満足しません。その代わりに、breathe one's last（最後の息を引き取る）とか leave for one's heavenly abode（天国の住処に旅立つ）のようにいいます。彼らの英語が華麗といわれるのは、そんな傾向を指してのことなのでしょう。

old は ancient（年齢を積んだ）、pretty は comely（顔立ちのよい）、happy は blithe（うれしい《古語》）、sad は mournful（悲しみに沈んだ）、eat は consume（食する）、go は proceed（進行する）、have は in possession of（所有する）、home は place of residence（居所）になったりします。また、bathe oneself（入浴する）を perform one's ablution（自身の清浄をする）、dazzling（まぶしい）を resplendent（まばゆい）、successful を crowned with success（成功で飾られた）のようにもいいます。

インド人は学校で文学作品に出てくるイディオムをたくさん学びます。そして、それらをよく使います。Life is not a bed of roses, but a hard nut to crack.（人生は薔薇の床にあらずして、艱難辛苦にあり）のような言い方は日常茶飯事です。How is life spinning at your end? I hope this letter finds you in the pink of health.（人生いかがお過ごしですか。貴殿のご健勝を祈願するしだいです。［spin = 紡ぐ、in the pink of health = 健康そのもの。赤ん坊の肌色から］）のような手紙の書き出しもあります。まさに、イディオムの宝庫です。

アメリカ人やイギリス人はインド人の英語のことを bookish（本のような、堅苦しい、文語調の、古臭い）ということがあります。インド人はこれに悪びれることはありません。ある有名なインド人の英語学者は私に、"My English is bookish, because I learned English from books." と述べたことがあります。彼女

45

は教養のあることを誇りにしているようでした。

そして、インド人はことばを飾り、大げさな表現が大好きです。たとえば、very（大変）、extremely（極めて）、most（たいそう）などを似たような意味をもつことばに重ねます。very vital、very best、very perfect、very unique、extremely excellent、most essential などは、めずらしいことではないのです。さらに、one year's continuous service without break（1年間休みなしの継続ご奉公）のような冗長な表現さえもあります。

これにメタファー（隠喩）が加わると、想像力豊かな表現が生まれます。こんなのはどうでしょうか。pin drop silence（完全な静寂。あまりにも静かなのでピンが落ちるかすかな音さえも聞き取れそうなイメージ）、The room had pin drop silence as soon as the boss came in.（ボスが来たとたん、オフィスはシーンと静まりかえった）

同様に、ガンジーの有名な Himalayan miscalculation（ヒマラヤ級の大失敗）というのは、とてつもない言い方でしょう。大衆に十分な準備をすることなく、非暴力、不服従の運動を呼びかけたことを反省して口に出したことばです。ヒマラヤ山脈の高度と規模にたとえています。以後、大失敗のことを Himalayan blunder、mistake、failure など、いろいろいわれるようになりました。大げさな言い方には違いありませんが、なんと心に響くことでしょう。

タイム誌は、このようなインド英語を "Inglish" と呼び、"heavy style that is antiquated, prolix and opaque"（古くさい、くどい、不透明な文体）と、からかったことがありました（注18）。たとえば、"I will furnish (=give) the information."（情報を提供する）とか、"Please intimate (=let us know) your departure."（出発時間をご通知ください）などといったりするからです。また、単純な Please let us know. のことを Please enlighten us.（啓発してください）とか、write letters のことを address communications（コミュニケーションに対処する）としたりします。

"People felicitate (=congratulate) each other on their birthday."（人びとはお互いに誕生日を祝賀する）や "Police apprehended the absconding miscreants."（逃亡中の悪漢を逮捕した）というのもあります。ある新聞の投書欄に、"The primary school teachers are not surprised as the kids mix well the garbage Hindi of Mumbai with Marathi to effect communion."（小学校の教師は子どもがムンバイのクズのようなヒンディー語とマラティ語をまぜて会話をしているのにびっくりはしません）という文章がありました。effect communion（交流を遂げる）とは、なんのことはない、talk とか communicate のことのようです。

ただし、これはお国柄とでも考えるべきものであり、一方的な価値判断を下すべきことではありません。ニューズウィーク誌はインド英語を "Hinglish" と呼び、ヒンディー語まじりのくだけた言い方に言及しました（注19）。しかし、他国の人がインド英語に対して、とやかくいうのは野暮というものです。インド英語はインド人のための英語なのです。その幅は広く、奥は深いのです。

私（本名）も本書の共著者アナミカ・シャルマさんの話を聞いたり、E メールを読んだりするなかで、いろいろな表現を知りました。ちょっと前に、"When you come to my office, use the bus plying between the subway station and the university." という文章に出会いました。辞書を見ると、ply とは、やや古い言い方で、船やバスが定期的に往復するという意味であることがわかりました。古風な言い方に触れて、気分が落ち着く思いをしました。読者の皆さんも、インド人の友人からいろいろな表現を学んでください。

2. 礼節の表現

インド人は礼儀を重んじ、謙虚な態度をよしとします。このためか、彼らは kind という語を実によく使います。kind information（ごていねいなお知らせ）、kind consideration（ごていねいな思いやり）、kind presence（お心のこもったご出席）、kind encouragement（ご親切な激励）、kind notice（ご親切なご通知）、kind attention（ご清聴）、kind interest（ご親切なご関心）などといったぐあいです。

ある大学で、奨学金を申請した学生は次のように書いたそうです。"I pray with my two folded hands to your kind honour to have kind consideration for my pitiable condition."（私の哀れむべき状況をご考慮していただけますように、両手を合わせて祈らせていただきます）また、就職を希望する学生もこんなことを書くことがあります。"I am bubbling with zeal and enthusiasm to serve as a research assistant."（私の心は熱意と情熱に沸き立ち、研究助手として働けますことを祈っております）"I wish to express my overflowing devotion to you." (私は先生に誠心誠意身を捧げますことを誓います) そして、博士論文の前書きには次のように記す学生もいます。"I consider it to be my primordial obligation to humbly offer my deepest sense of gratitude to my most revered Guruji and untiring and illustrious guide Professor XYZ for the magnitude of his benevolence and eternal guidance." (注20) (私はもっとも敬愛する大御所であられ、不朽の輝ける先導者であられる XYZ 教授の慈愛に満ちた不滅のご指導を賜りましたことに誠心誠意感謝の意を申しあげさせていただきますことを至上の義務と思うしだいであります)

また、インドでは、"May I know your good name, please?" という言い方をよく耳にします。「お名前をお伺いしたいのですが」の意味ですが、your good name には思わず恐縮してしまいます。しかし、こういわれて、悪い気はしないでしょう。アメリカ人やイギリス人がこういわないからといって、これを変な英語とみるのは禁物です。

もっとも、ちょっと言い過ぎではないかと思うこともあります。発言をするときには、たいしたことでもないのに、"I beg to state that I can do it by myself." (まことに恐縮ですが、発言させてください。私はそれをひとりでできます) などといいます。ていねいな言い方をしようとする気持ちはわかりますが、その程度のことなら、"I can do it by myself." で十分ではないかと思うこともあるでしょう。日本人なら、"I beg to state that I cannot agree with you on this matter." (まことに恐縮ですが、この件ではあなたに賛成できません) くらいの内容のときに使いたいと思うでしょう。

インド人はちょっとかしこまった手紙には、最後にたいがい Thanking you. とつけ加えます。"I promise to take up the task with complete sincerity and dedication. Thanking you." (誠心誠意、お仕事をお引き受けいたしますことを、お約束いたします。ありがとうございます)"I hope I satisfy your requirements. Thanking you." (ご期待にそえますことを祈っております。ありがとうございます) "I offer myself for the post of Research Assistant. Thanking you." (研究助手のお仕事をお引き受けいたします。ありがとうございます) などは、よくあるパターンです。

ビジネスレターでは、"Your esteemed order has been duly noted." (ご注文はたしかに承りました) などとすることもあります。your esteemed order

とはなんと「ご注文」のことです。もっとも、インド人どうしのビジネスでも、このような冗長な言い方は段々とすたれてきており、今ではなるべくシンプルな表現をするようになってきているようでもあります。

　インドには厳密な地位体系が存在します。インド内のいろいろな言語もそれを反映して、複雑な敬語のルールをもっています。このことは英語の表現法にもあらわれます。インド英語には、インド文化がうまく溶け込んでいるのです。お願いするときには ask では無礼になるそうで、request が好まれます。

　たとえば、休暇願を出すときには、"Could I ask you to grant me leave?" とすると失礼にあたるので、"I request you to grant me leave." とするのが適切であるといわれます。この request には、さらに複雑なルールがあります。会社で、部下は上司に、"I request you to look into the case."（この件を調べてください）と能動態を使いますが、上司は部下に、"You are requested to look into the case." と受動態にします。部下が上司に受動態を使うと侮辱したことにもなります。

　このような古風で、ていねいで、格式ばった言い方は、インド英語のビジネスレターにも反映されています（ビジネスレターの詳細は第2部「インドのビジネス慣行とインド英語のビジネスレター」参照）。以下、(1) の例では、最後の apprise us of（知らせる）は実に古風な言い方です。Thanking you. も出てきます。

(1) We have come to know from Messrs Gupta & Co., Delhi that you have no representative of your mills in eastern Uttar Pradesh. ...Kindly apprise us of your terms and conditions, if you decide to appoint us your sole agents. Thanking you.

　デリーのグプタ商事より、御社の工場の代理店が東ウッタルプラデーシュにないことを知りました。…御社が弊社に代理店業務を委嘱してくださいますならば、御社の条件をお知らせください。ありがとうございます。

　次の (2) では、kindly、oblige us（ご協力かたじけなく候[実にていねいであるが、古風な感じのほうが強い]）、Thanking you が出てきます。

(2) Dear Sirs, kindly send us the pattern book of your woolen products, together with your latest revised price list and oblige us. Thanking you.

恐縮ではございますが、御社製品の型本と改訂価格表をお送りください。ご協力感謝いたします。ありがとうございます。

インド英語の文法には、英米英語と違った傾向がたくさんみられます。もっとも、それらはインド英語独特のものというよりも、ノンネイティブ・スピーカーに広くみられるものといったほうがよいかもしれません。このことは次の例をみればよくわかるでしょう。日本人もこういった言い方をすることがあります。

1. 進行形の使い方

英米英語（BAE）では、動詞を静的動詞（static verb）と動的動詞（dynamic verb）に区別して、前者は静的常態を含蓄するので、進行形を作らないというルールが存在します。しかし、インド英語（IE）（あるいはその他のいくつかの非母語話者英語）では、そういった区別をせずに、たいがいの動詞は「進行中」という概念を進行形で表します。

(1) I am loving her. (BAE: I love her.)

(2) I am liking you. (BAE: I like you.)

(3) We are all missing you. (BAE: We all miss you.)

(4) I am having a cold. (BAE: I have a cold.)

(5) We are having a chapter in Mumbai. (BAE: We have a chapter in Mumbai.)

(6) You must be knowing my brother. (BAE: You must know my brother.)

(7) India is having twenty eight states and seven territories. (BAE: India has...)

(8) We are having a history of about five thousand years of maintaining this stagnant culture in the world. (BAE: We have a history of...)

(9) ...we are treating Muslims as a part of our community members...and also we are respecting their culture and giving them national holidays... (BAE: ...we treat Muslims...and

respect their culture and give them national holidays...)
(10) She is resembling her mother. (BAE: She resembles...)

インド人詩人の N・エザキール（Nissim Ezekiel 1924-2004）は「愛国者」
（*The Patriot*）という珠玉の作品のなかで、この語法を使いこなしています[注21]。

I am standing for peace and non-violence
Why world is fighting fighting
Why all people of world
Are not following Mahatma Gandhi
I am not simply understanding.

私は平和と非暴力を支持します。どうして、世界は紛争を繰り返すのでしょうか。なぜ、
世界の人びとはマハトマ・ガンジーの教えを守らないのでしょうか。私にはわかりません。

ここでは、英米英語でいう静的用法の stand、follow、understand が進行形
になっています。英米英語では、fight は動的動詞なので、進行形は fighting にな
るでしょう（fighting fighting という繰り返しになっていることについては７.
を参照）。インド英語では、これらの静的・動的の区別をしていないことが、よく
わかるでしょう。これらの区別は絶対に必要なものではなく、ましてや優劣を決
めるものではありません。違いとして、ありのままに受け入れることが大切です。
なお、ここでは、world に定冠詞がついていませんが、世界はひとつなので、固有
名詞のような感覚で使われているのでしょう。

ところで、アメリカのマクドナルドの広告キャッチフレーズは、I'm lovin' it.
です。やはり、かぶりつきの状況描写には進行形のほうがぴったりでしょう。また、
アメリカ英語では、"How are you liking our company?" のように、like を
進行形にすることもあります。これも進行形のほうが、ぴったりくるでしょう。静
的動詞と動的動詞の区別は、はたして必要なのでしょうか。

2. 疑問文の作り方

疑問文を作るのに、英米英語では主語と述語の順序を入れ替えますが、インド英
語ではそうしないことがあります。

(1)　What he wants? (BAE: What does he want?)
(2)　When you would like to come? (BAE: When would you like to come?)

　また、主語・述語を入れ替えたとしても、間接疑問文では、この倒置をもとにもどさないことがあります。

(1)　I asked Hari where does he work? (BAE: I asked Hari where he works.)
(2)　Tell me clearly are you coming? (BAE: Tell me clearly if you are coming.)

　また、疑問文を作るのに、主述の倒置をしないで、平叙文に yes?、no?、correct? などを付加する方法もあります。

(1)　He was helping you, yes? (BAE: Was he helping you?)
(2)　He was the President of the Association, no? (BAE: Was he the President of the Association?)
(3)　She went to Japan, correct? (BAE: Did she go to Japan?)

　さらに、付加疑問文（tag question）として、どんな場合でも isn't it?（または、is it?）ですますこともします。これは、isn't it right? の感じでしょう。

(1)　You are from Japan, isn't it? (BAE: You are from Japan, aren't you?)

3.　主文と従属文（補文）で時制の一致は厳密ではない

　主文と従属文などの時制の一致にあたっては、形式よりも意味を優先させることがあります。

(1)　When I saw him two days ago, he told me he is coming. (BAE: ...he was coming.)

　発話の時点で、「彼はこれから到着する」の情報を伝達しています。

(2)　If they will be here by this evening, we may go out. (BAE: If they are here...)

　発話の時点で、彼らが到着する時刻は「未来」にあたります。

4. 現在完了と過去の混合

(1) I have read this book last month. (BAE: I read this book last month.)

　英米英語では現在完了形はあくまでも「現在」にかかわることなので、過去を表す last month とは共起しません。インド英語ではこの辺のところは厳密ではありません。現在完了形で「読み終えた」とか「読んだことがある」などの意味を伝えたいのでしょう。

5. 普通名詞の一般化

　英米英語では普通名詞は数えられるもの（countable）と数えられないもの（uncountable）に分けられます。たいがいのものは前者で、a book、note、pen のように不定冠詞の a をつけることが可能で、また books、notes、pens のように複数形を作ることもできます。後者は advice、chalk、news、information、baggage、luggage の類で、a や -s をつけることはできません。勘定するときには、a piece of advice, chalk とか 3 pieces of baggage, luggage のようにします。しかし、インド英語ではこういった区別はなく、a や -s を自由に付加します。

(1) a chalk, an advice...

(2) luggages, baggages, informations...

6. 独自の前置詞（副詞）

　インド英語では英米英語の前置詞や副詞とは違ったものが使われることがあります。

(1) angry on you (BAE: angry at you)

(2) get down the bus (BAE: get off the bus)

7. 新語法の確立

　インド英語ではいくつか新しい語法が確立しています。

● itself や only を強調（「まさに」）の標識にする

(1) It was God's order itself. 　それはまさに神の秩序です。

(2) Now only I understand. 　今やっとわかります。

(3)　They live like that only.　　それが彼らの生活です。

● 繰り返し語法

　形容詞や動詞を繰り返すことで、「とても」(very)「いつも…する」(always)
などの意味合いを表します。これは他の非母語話者英語にも広くみられます。

(1)　The curry is hot hot.　　このカレーはとてもからい。

(2)　Why world is fighting fighting?

なぜ世界の人びとは争ってばかりいるのでしょうか。

● 副詞を文頭に

(1)　Always I drink coffee. (cf. I always drink coffee.)

● 独特の語順

(1)　my both hands (cf. both of my hands)

(2)　his all attempts (cf. all his attempts)

8.　品詞間の融通

　英語では本来、語の品詞区分は固定されたものではなく、かなり自由に機能替え
をします。語順が品詞を決定するといってもよいでしょう。皆さんも man、
book、father/mother、bridge などの多くの名詞が動詞用法をもっていること
をご存知でしょう。また、run、make、get、love、take など多くの動詞が名詞に
使われることもおわかりでしょう。以下では、英米英語ではあまりみられないも
のをあげます。

(1)　He behaved friendly toward me.（友好的にふるまう）　friendly はふ
　　　つう形容詞ですが、ここでは副詞に使っています。-ly は副詞の標識ですか
　　　ら、わざわざ friendlily とするよりも経済的かもしれません。

(2)　I tried to by-heart one of Gandhi's famous speeches.（暗記する）
　　　I have a long poem by heart.（長い詩を記憶している）の副詞句 by
　　　heart（そらで）を動詞に使い、「暗記する」の意味にしています。

(3)　Please on/off the light (radio, television).（ライト、ラジオ、テレビを
　　　点ける / 消す）　前置詞、副詞 on/off を動詞に使う。turn on/turn off の省
　　　略ともいえるでしょう。

(4)　She always gifts her nieces something pretty when she visits
　　　her sisters.（おみやげをもっていく）　名詞の gift を、gift someone

something のように動詞として使っています。

9. 前置詞（副詞）の追加

　インド英語では、英米英語で他動詞として使われるものに、前置詞（副詞）を追加することがよくあります。discuss *about* や mention *about* が、その典型的な例です。「について」という概念がはっきりするからでしょう。日本人もよくやるので、こういった言い方には親近感をもつでしょう。実は、日本人だけではなく、多くのノンネイティブ・スピーカーはこういった追加語句を使っています。

(1) He approaches *to* the issue from a different point of view. （「に」接近する）

(2) I will visit *to* Kyoto next summer. （京都「に」行く）

(3) We ordered *for* two English-Japanese dictionaries. （「を求めて」注文する）

(4) Let's start *with* the lesson tomorrow. （そのレッスン「で」開始する）

(5) I want you to show *up* the main point as clearly as you can. （「はっきり」示す）

(6) Many people applied to fill *up* a vacancy. （「完全に」うめる）

(7) The police are pursuing *after* the businessman as a suspect of the murder of his associate. （「を求めて」追う）

(8) I was reared *up* in Mumbai. （育て「上げ」られる）

(9) We cannot allow big businesses to skirt *away* their responsibilities for environmental destruction. （責任「から」逃れる。skirt は「回避する」）

(10) His family comprises *of* two daughters. （「部分から」成る。consist of からの類推）

　これとは逆に、英米英語では前置詞（副詞）がつくものに、それをつけない使い方もあります。それらは不要という概念感覚があるのです。また、母語であるインド諸語の影響もあります。

(11) Technicians grappled *(with)* a bug problem in the computer. （取り組む）

(12) They informed him *(of)* the time of departure. （知らせる。inform が

tell のような意味になっている）

(13) We will side *(with)* them.（の側に立つ）

　以上、第3章で発音、第4章で語句、第5章で表現、第6章で文法の状況をみてきました。各章であげた事例はインド英語のほんの一例です。皆さんはこれからインド人と直に交流するなかで、インド英語のいろいろな言い方に出会うでしょう。皆さんが学校で習った英語とは違うところもたくさんあるはずです。だいじなことは、それらを間違いとか、拙劣などと考えないことです。彼らの言い方をよく観察すると、そこには現地の言語文化のエトスとパトスがあるはずです。

　ここで、インドの言語学者で英語教育の大家であるＳ・Ｋ・バルマ（S. K. Verma）の説明を記しておきます。ゆっくりと考えてください。

Indian English is a self-contained system and follows its own set of rules. This system is closely related to the core grammar of English English. The Englishness of this socioregional dialect lies in the fact that its basic linguistic systems are the same as those of English English. Its Indianness lies in the fact that, within the overall general framework of the systems of English English, it displays certain distinguishing phonological, lexico-semantic, and also syntactic features. In terms of linguistic efficiency, these patterns are as good as any other. They are not corrupt, but rather different forms of the same language. [注22]

- -

　インド英語は自律したシステムで、独自の規則に従っています。このシステムはイギリス英語の文法の中核とするところと密接につながっています。インド英語はあくまでも英語であるという論理は、その基本的な言語システムがイギリス英語と同じであるという事実に基づいています。そのインド性は、イギリス英語の一般的枠組みの範囲で、独自の音韻的、語彙・意味的、そして統語的特徴を表示しているところにあります。言語的有効性の観点からいうと、これらの特徴は他のどれとくらべても見劣りするものではありません。それらは間違いなどではなく、ひとつの言語の違った形式なのです。

- -

第7章　日本人と英語

1．インド人に学ぶ

　日本人はこれから、インド人と英語で交流する機会がずっと増えるでしょう。日印英語コミュニケーションを円滑に、そして互角に進めるためには、私たちはもっと英語力を磨かなければなりません。この点で、私たちはインド人の英語に対する態度、そして英語学習の方法から学ぶことがたくさんあります。一番注意すべきことは、彼らは英語を他人事ではなく、自分事と考えていることでしょう。

　日本人は一方では英語は国際言語であるとしながらも、他方では依然として英語と英米文化は一体と考えがちです。また、国際とは、英米との関係ととりがちです。日本の英語教育では、こういった呪縛を断ち切らなければなりません。現在の多くの日本人にとって、英語は英米事情を知るためのことばではないはずです。ここで、インド人の英語実践は大いに参考になるでしょう。

　ノンネイティブ・スピーカーどうしが英語を使うようになると、英語は英米文化から切り離して使われるようになります。私たちは英語を話すからといって、自分の文化を捨てる必要はどこにもないのです。むしろ、私たちは自分のこと、自分の身の回りのこと、日本の社会や文化を語るために、英語を必要としています。

　日本人とインド人が英語で話すとき、お互いにイギリス人やアメリカ人の真似をしなければならないとしたら、不便このうえもありません。だから、実際、日本人は日本人らしいしぐさで、日本人らしい英語を話しますし、インド人はインド人らしいふるまいで、インド人ふうの英語を話します。これはごく自然なことなのです。

　このように、インド英語とはインド人が長い間、英語と格闘するなかで作り上げた語法です。それはインド人の生活に根ざした要素で出来上がっています。そこにはインド人の息吹が感じられます。イギリス人やアメリカ人がこういわないからといって、これを変な英語とみるのは禁物です。

　さらに、インド人がインド人ふうの英語を使うことは、自分は英語を話してもイギリス人ではなく、インド人であるというアイデンティティの表現でもあるのです。私はある会合で、インド人に "Are you an American?" と問われたことがあります。"No. I'm a Japanese." と答えると、"Why do you speak

English like an American if you are a Japanese?"（日本人なのにどうして アメリカ人のような話し方をするのですか）といわれました。これには本当に考えこんでしまいました。

　次にあげるのは、インドの詩人カマラ・ダス（Kamala Das 1934-2009）の作品です。彼女はインド英語の魂を高々と謳っています。

Don't write in English, they said,

English is not your mother tongue...

...The language I speak

Becomes mine, its distortions, its queerness

All mine, mine alone, it is half English, half Indian, funny perhaps,

but it is honest.

It is as human as I am human...

...It voices my joys, my longings, my

Hopes...(注23)

英語で書いてはなりません、と彼らはいいました。英語はあなたの母語ではないでしょう。…[しかし]…私が話すことばは私のことばになるのです。その歪み、奇妙さは私のものです、私だけのものです。それは半分英語ふうで、半分インドふうです。おかしいかもしれません。それでも、偽りはありません。それは私という人間のものなのです…。それは私の喜び、私の願い、私の希望を声にします…。

　これはインド英語の論理であり、その神髄といえるでしょう。私たちも努力して、微力ながらも、「私の話すことばは私のものです」と考えるようになりたいものです。また、私たちは「自分のもうひとつのことば」である英語で、自分の「喜び、思いの丈、希望」を表現できるようになりたいものです。

2.　日本のことをいう

　しかも、ノンネイティブ・スピーカーどうしでは、アメリカやイギリスの話をすることはめったにありません。日本人とインド人が出会えば、日本人はインドのことを聞き、インド人は日本のことを聞くのがふつうです。そこで、お互いが自分の国の社会や文化のことを英語で話すようになります。

ですから、日本人なら日本のことを英語でいえなければなりません。英語は情報の言語といわれますが、私たちが自国の情報を英語で伝達できなければ、なんにもなりません。外国の情報を受信するばかりでなく、日本の情報を発信することが求められます。国際コミュニケーションでは、こういった双方向の交流が期待されます。

　そして、日本のことをいうのですから、私たちの英語はどうしても日本式英語になります。日本の競技では、評価にあたって、優勝、準優勝、あるいは 1 位、2 位といった縦の概念と同時に、技能賞、殊勲賞、敢闘賞といった特別の観点からみた卓越の概念があります。後者は日本の相撲で顕著なように、英米、あるいは他のどの英語にもみあたらないでしょう。

　このため、このような概念を表現するのには、技能賞（technical prize）、殊勲賞（outstanding performance prize）、そして敢闘賞（fighting spirit prize）といった英語をどんどん造っていかなければなりません。hot carpet や washlet や paper driver なども、この類に入ります。

　I can do it before breakfast.（朝飯前）は、今や北米でも使われています。むしろ、日本人がこれを言い出したということを知っているアメリカ人やカナダ人は、少ないくらいです。"I have a son who is still chewing my leg at the age of 27."（脛かじり）なども、おもしろがられるでしょう。

3. ニホン英語をめざして

　このようなプロセスは、第 1 章で述べた異文化間変容、あるいは再文化化の展開と考えられます。インドでは次のような現象が起きました。すなわち、インド人はイギリス英語をサンプルとして、英語を学習してきました。しかし、インド人学習者が獲得したのはイギリス英語ではなく、インド英語だったのです。これはまさに英語の変容、あるいは再文化化です。そして、前述したように、今やインド英語が確立しており、インド英語が教材になっています。

■図 7　インド人の英語学習プロセス ─────────────────────

インプット ────→	異文化間変容・再文化化 ────→	アウトプット
イギリス英語	インド人学習者	インド英語

　同じことは、日本人と日本人の英語についてもいえるのです。つまり、日本人はアメリカ英語などを教材として学習します。しかし、日本人が運用できる英語はニホン英語なのです。日本人は国際コミュニケーションという営みのなかで英語を話す状況や機会が少ないため、ニホン英語という概念が十分に発達していません。しかし、多くの日本人が英語を話すようになればなるほど、日本人の英語はニホン英語であることに気づくでしょう。

■**図8　日本人の英語学習プロセス**

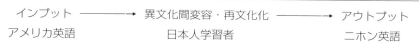

　もちろん、学習サンプルとしては、他の英語変種であってもかまいません。ただし、それが国際言語として理解され、受容されることが条件です。また、どのような適切な変種が与えられようとも、日本人学習者はニホン英語の話し手にならざるをえないのです。むしろ、どの英語を教育モデルにするかよりも、学習成果を正当に認識するほうが重要なのです。

　日本では、1億2千万人の大多数が英語を必修科目として小学校から高校・大学まで何年も学習するのですから、その労力と時間は集合的にみるととてつもなく膨大なものです。これを無駄にしてはならないのです。努力に対して成果があるはずなのです。日本人は学習で獲得した能力と技術を最大限に利用するよう奨励されるべきなのです。

　それを可能にする方法は、日本人は通常、ニホン式英語パターンを話すのが当然であることをしっかりと認識することから始まります。日本人学習者をアメリカ英語の話し手にするのには魔法をかけるしかないのですが、そんな魔法は存在しません。しかし、日本人は自分たちが獲得した英語能力と技能は多国間コミュニケーション、多文化間コミュニケーションの有効な手段になりうることを知る必要があります。なにも、ネイティブのように話さなければならないわけではないのです。

　ニホン英語を支持する社会言語学的前提は、次のとおりです。

(1)　日本人にとって、英語はアメリカのことばではなく、多国間コミュニケーションのためのもうひとつのことばである。

(2)　英語の普及は多様化することで可能になる。（インドのマクドナルドには
　　　ビーフバーガーがない！）

(3)　国際共通語とは一枚岩で一極起点のような言語ではなく、多様な文化を反
　　　映する言語である。いろいろな融通が許容され、違いが受容されなければ
　　　ならない。

　このようなモデルが生み出すマインドセットは、以下のような現実的、あるいは
潜在的傾向を特徴とすると思われます。

(1)　学習者は英語を学ぼうとする動機が高まる。なぜならば、ニホン英語なら
　　　獲得できると思われるからである。

(2)　学習者は機会があるごとに、しかも出来、不出来を気にせずに、自ら進んで
　　　英語を使おうとする。なぜなら、役に立つ英語とは使える英語のことと知
　　　るからである。

(3)　学習者は自分たちの英語が日本式であることを当然のことと認識する。自
　　　分たちは日本人であり、アメリカ人やイギリス人でもないからである。

(4)　そして、学習者は英語が多様な文化を結ぶ仲介言語であることを意識で
　　　き、他の非母語話者変種に興味をもつようになる。

　私たちはインド人とおつきあいを重ねると、このような英語観を正当なものと
確信することができるでしょう。事実、日本のビジネスピープルは毎日、英語の現
実に遭遇しています。ある総合商社の人事部長は次のようにいいました。「日本の
企業は英語を母語としていない国々で膨大な利益を上げています。私たちは現地
の人びとを彼らの英語変種で理解する必要があります。」

　ここに、ニホン英語は他の多くの民族変種と同様に、自然な成果であるという考
えが読み取れます。インド人がインド英語を話すように、日本人はニホン英語を
話すのがあたりまえなのです。そして、インド人と日本人はそれぞれの英語を話
しながら、いろいろと有意義な関係を築いています。英語は多文化言語でありな
がら国際コミュニケーションに大きな役割を果たしているのです。

4.　ニホン英語の様相

　日本人は日本社会で英語を学習するのですから、よほどのことがないかぎり、英

米人と同じように英語を話すようにはなりません。どうしても、日本人のクセが
でてしまいます。これはごくあたりまえのことです。しかも、クセのあるほうが日
本人であることがわかって、かえって好都合の場合が多いのです。私たちはイン
ド人の堂々とした話しぶりに、大いに学ぶ必要があるでしょう。

　ニホン英語は発音、語彙・表現、文法、そしてレトリックなどで、ある程度ながら、
英米英語とは違った言い方をすることになります。それは日本語や日本文化の影
響を多分に受けたもので、日本人に使いやすい英語です。もちろん、それは国際的
に理解されるものでなければなりません。たとえば、こんなものがあるでしょう。

(1) We went to Kyoto by car yesterday. (BAE: We drove to Kyoto
　　yesterday.)
(2) I went there. Why didn't you come? (BAE: I was there. Where
　　were you?)
(3) Thank you for the last night. It was a gorgeous dinner.
(4) That restaurant is delicious.

　(1) と (2) で、対照としているのは、ネイティブの言い方です。日本人にとって、
ニホン英語がいかに言い易いかがわかるでしょう。しかも、だれにでも通じる言
い方です。(3) は「昨夜はどうも」の言い方です。ネイティブはこういう言い方を
しないからといって、遠慮することはありません。日本人にとって、それは大切な
礼儀作法なのです。

　ここで注意すべきことは、「論理的であれ」「説明的であれ」ということです。
日本語の言い方をそのまま英語にしてよいということではないのです。知人を招
待した晩餐で、「なにもありませんが、どうぞ夕飯をめしあがっていってください」
を "There is nothing, but please enjoy dinner with us." といえば、相手
はびっくりするでしょう。なにもないなら、食べることができないはずです。

　しかし、日本人が「なにもない」というときには、「なにも（特別なものが）ない」
ということを伝えようとしており、「特別なものが」を省略しているのです。日本
人はなにもないものをすすめるほど非合理的ではありません。私たちは「特別な
ものが」といわなくても、聞き手が話し手のその意図を察する人間・社会関係を
作りあげてきたのです。

　ただし、それはあくまでも日本人どうしで通じる言語使用の様式です。日本人
どうしがもつ共通の了解事項をもたない外国人には通用しないので、話し手は自

分の意図を十分に表現する必要があります。"We have nothing special today, but please enjoy dinner with us." のように、話し手が心の奥底にしまってある本意を表に出す必要があります。

　同じように、「朝飯前」を "It's before breakfast." とする人がいます。これはいただけません。"It's" の意味がなんのことだかわかりません。「朝飯前」とは「そんなの朝飯前にできるよ」ということでしょう。ですから、"I can do it before breakfast." とするのが、日本人の本来意図した言い方のはずです。

　このように、私たちは異文化の人びとと英語コミュニケーションをするさいに、自分は日本語でどうしてこういうのか、それをそのまま英語でいったら外国人に理解されるのかといったことがらを、真剣に考えてはどうでしょうか。そうすると、今まで何気なく使っていた日本語の真意がわかり、省略していたものは復元し、抜けていたものは追加するなりして、自分の本意をはっきりとことばにすることができるでしょう。私たちの英語学習は、日本語を考えることでもあるのです。これは、他の国の人びとにもいえるでしょう。

　また、上の (4) は、大きな問題です。これはメタファー（隠喩）を基礎にした表現です。メタファーとは、ある概念を別の概念で認識し、表現する装置のことです。「時の経過」を「川の流れ」にたとえるのは、その一例です。人や物をその一部の特徴でいうのもそうです（「ひげが来た」）。

　全体を部分で示したり、逆に部分を全体で表すのもこの装置の働きです。日本人が「窓から顔を出さないでください」というときは、「顔」（部分）で頭（全体）を指しているのです。どんなに厚顔であっても、実際に窓から顔を出せる人はいません。この表現が成立するのは、メタファーが働いているからです。日本人は支離滅裂ではありません。

　上記 (4) では、レストラン（全体）で料理（部分）を表しているのです。この文は、"That restaurant serves delicious cuisine." と同じ意味です。全体で部分を表すのは、ネイティブがよくいう He is sharp. でも同じです。彼という人間全体で、彼の頭という部分を指しています。ですから、これは "He has a sharp head (mind)." と置き換えることが可能です。頭を刃物（"sharp"）にたとえるのは、考えることは切ることであるという別のメタファーが働いているからですが、ここではこれに触れません。

　多くの日本人は、"He is sharp." は正しいが、"That restaurant is delicious."

は間違いと考えがちです。両方とも同じメタファーの働きに基づいて出来上がっているにもかかわらず、前者は正しく、後者は間違いというのは、どうも腑に落ちません。これを正当化する論理はただひとつです。すなわち、前者はネイティブがいうが、後者はいわないということでしょう。

　ところが、現代の英語状況を考えると、この論理はもう成立しません。現代の英語はネイティブだけのものではありません。多くのノンネイティブがこれを多国間コミュニケーションの言語として使っています。ネイティブの規範が、すべての変種にあてはまるわけではないのです。英語が国際言語になったということは、こういうことを指すのです。

5.　相互確認

　ところで、インド人がインド英語、日本人がニホン英語で話すと、それぞれの体系が依って立つ言語文化の違いから、お互いに理解しにくい表現に出くわします。英語表現でなにか腑に落ちないことがあれば、なるべく早く問題を解決するよう努力しましょう。まずは、相手に聞いてみることです。こんなことを聞くと失礼になるなどと心配する必要はありません。

　相互理解を求めるときには、話し合いはぜったいに必要で、そのためにはお互いに多少の不都合さはがまんできるものです。むしろ、このような努力をしている姿勢は尊ばれるといってもよいでしょう。そして、お互いにいつでも確かめ合える人間関係を築くことが大切です。確かめ合いには、3つの方法があります。コミュニケーションは双方向ですから、お互いに協力して、これらを実践することが望まれます。

(1) 質問 (question：インド英語では query)

　英語表現の意味がわからないことがあれば、どんどん質問しましょう。日本からムンバイに出張した三井さんは、インド人がよく "ji" というのを耳にしました。意味がわからないので、現地社員に聞いてみました。すると、ふたりの会話はこんなふうになり、お互いに親近感を増すにいたりました。

　　Raj: Parasher ji is responsible for this project. パラシャージがこのプロジェクトの責任者です。

　Mitsui: What does "ji" mean? ジってなんのことですか。

Raj: Oh, it means mister in Hindi. ああ、ヒンディー語でミスターのことです。

Mitsui: I see. In Japanese, we say Parasher san. Thank you, Raj ji. そうですか。日本語ではパラシャーさんといいます。ありがとうございます、ラージジ。

Raj: Not at all. Mitsui san. どういたしまして、三井さん。

（2）確認 (confirmation)

なんとなく意味がわかる気がするが、自信がもてないことはよくあるものです。そのようなときには、自分の解釈を示して、確認をとりましょう。芦川さんはオーストラリアのメルボルンで、インド企業で働いている旧知のナンディニさんと会い、こんな経験をしました。

Ashikawa: Namaste, Nandini, how are you? こんにちは、ナンディニ、お元気ですか。

Nandini: Well, I am writing my exam on Friday. 金曜日に試験問題を作ります。

Ashikawa: Are you also teaching? Who are you teaching? 先生もしているのですか。だれを教えているのですか。

Nandini: Sorry, Ashikawa san. Indians often say write an exam for take an exam. I am going to take an exam for promotion soon. 芦川さん、ごめん。インド人は write an exam で take an exam のことをいいます。私は近々、昇格試験を受けます。

その後、芦川さんは別のインド人にこう聞かれました。"What subjects did you offer at college? I offered mathematics and computer science." このときは、offer が take の意味だとすぐにわかりました。そこで、まよわず、"I offered information technology and business management." と応えました。そして、これからは聞き慣れない言い方はすぐに確認する習慣をつけたいと思ったそうです。

（3）明確化 (clarification)

コミュニケーションでは、ことばの意味はわかりますが、なんのことかわからな

いと感じることが、ままあります。比喩表現などはこれにあたります。こういった
ときには、どんどん聞いてみましょう。橋本さんはハイデラバードに出張中、イン
ド人の女性とこんな会話を交わしました。

Sharma: I heard your wife is also working in Tokyo. Are you helping your wife in domestic work? 奥さんも働いているそうですが、あなたは家事の手伝いなどをしますか。

Hashimoto: Yes, I do my part. How about you? はい、分担はこなしています。あなたはどうですか。

Sharma: Ha-ha-ha. I get most of things done by my husband by standing on his head. ハハハ。私は夫にやってもらいます。夫の頭の上に立って。

Hashimoto: What? What do you mean by standing on his head? ええ？ 頭の上に立つとはどういうことですか。

Sharma: Oh, I am thinking in Hindi and speaking English now. Standing on someone's head is a direct translation of a Hindi expression. It means forcing, coercing. You know I was joking here. We Indians often use Hindi expressions in English. If you do not understand, don't hesitate to ask as you did now. あら、今ヒンディー語で考えて英語を話してしまいました。他人の頭の上に立つという言い方はヒンディー語の直訳で、強制するという意味です。もちろん、夫の話はジョークよ。インド人は時折、ヒンディー語の言い方を英語に取り入れます。わからないことがあったら、遠慮しないで聞いてください。今のようにね。

橋本さんはなんとなくそのような意味かなと思っていましたが、聞いてはっきりしました。しかも、これがヒンディー語の直訳であるとか、インド人はヒンディー語の表現を英語に組み込むといった現状もしっかりと確認できました。なによりも、ちょっとしたことでも聞いたおかげで、会話がはずみ、相手と打ち解けた気持ちになりました。

（4）辞書は役立つ

なお、インド英語の語彙は普通の辞書にも、けっこう記載されています。avatar（神の化身）、bandh（労働者のストライキ）、chador（ショール）、devi（女神）、eveninger（夕刊）、freeship（奨学金）、guru（グル）、などなど。まずは、一般の辞書をあたってください。また、『新アジア英語辞典』[注24] のような便利なものもあります。大いに参考になります。

英語を国際的に使うためには、いろいろな英語の文化差を理解しなければなりません。このようなコミュニケーション行動は、co-constructing English as a lingua franca（話し手と聞き手が一緒になって英語を仲介言語として造り上げる）と呼ぶことができるでしょう。私たちは各自の違いを説明し合う態度をもち、その能力を育成することが求められるのです。

6. 英語は日本人のもうひとつのことば

英語は国際言語ですから、私たちのことばでもあるのです。ですから、私たちは英語をもっと多方面で使い、私たちの活動を世界の人びとにどんどん伝えていく努力をすべきだと思うのです。日本人の知恵や判断には、世界の人びとの役に立つことがたくさんあるはずです。そのためには、英語が使える日本人がますます必要になるでしょう。

そして、日本人が英語を使えば使うほど、ニホン英語が発達します。英語教育ではこういった関係を正しく認識して、ニホン英語のパターンを適切に評価する必要があります。学習者は自分が処理しやすい言語パターンや、自国に合った文化的表現を創造しがちです。私たちは英語の母語話者ではありませんし、アメリカ人でもイギリス人でもありません。

この点で、インド人の英語使用はとても参考になります。次のことばをかみしめてください。まずは、インドの文豪R・ラオ（Raja Rao 1908-2006）の心の叫びです。彼はガンジー主義の実践を描いた小説（*Kanthapura*, 初版1938）の前書きで、次のように書きました。"We cannot write like the English; we should not. We can write only as Indians." [注25]（私たちはイギリス人のように書くことはできません。そうすべきではないのです。私たちはインド人としてのみ書くことができるのです）

そして、インドの言語学者で英語教育の大家であるS・K・バルマ（S. K.

Verma）の次の分析も有意義です。"English in India has to meet the demands that local users make on it and serve functions that are specific to Indian culture. ...It is quite natural for it to have a marked Indian colour." [注26]（インドの英語はそれを使う地方の人びとの需要を満たし、インド文化に特有の機能を果たさなければなりません。…インド英語がインド独特の色彩を帯びるのは極めて自然なことなのです）

　最後に、インド英語を南アジア英語の一環として研究してきたインドの社会言語学者ラビンダー・ガルゲシュ（Ravinder Gargesh）のことばをあげておきます。彼は以上のことがらを次のようにまとめています。"...languages are part and parcel of the cultural semiotics whose significations provide a distinct identity to a speech community. Their use of the language is intimately tied up with their socio-cultural beliefs and aspirations." [注27]（…言語は文化記号の重要な部分です。その表意はその言語コミュニティに独特のアイデンティティをもたらします。人びとは自分の言語を使用して、自分の社会的文化的信条と抱負を表現するのです）

　私たち日本人は今こそ、これらのことばの真理を考えたいと思います。インド人とおつきあいをすると、こういったことをひしひしと感じます。

注 ....

（注1）　本名 (2006) p.13.

（注2）　本名 (2006) p.27.

（注3）　*Newsweek,* October 28, 1996, p.41.

（注4）　Smith (1983) p.7.

（注5）　本名 (2013) p.8.

（注6）　インドのマクドナルドでは CHICKEN MAHARAJA MAC（チキン大王マック）が大人気。maharaja はヒンディー語で大王、藩王のこと。

（注7）　本名 (2006) p.19.

（注8）　Das (1982) p.145.

（注9）　Macaulay (1835) p.7.

（注10）Parasher (1991) pp.154-161.

（注11） Kachru (1976) p.235.

（注12） Mehrotra (1982) pp.170-171.

（注13） Verma (1991) p.56.

（注14） Mehrotra (1982) p.153.

（注15） Muthiah (1991) p.15.

（注16） Swarup (2008) p.13.

（注17） *Hindustan Times*, New Delhi, April 06, 2014, p.12.

（注18） February 27, 1995, p.39.

（注19） March 7, 2005, p.42.

（注20） Mehrotra (1982) p.165.

（注21） Nissim Ezekiel, *The Patriot*, 1989, p.237. (Gargesh 2006a, p.106より引用)

（注22） Verma (1982) p.180.

（注23） Kamala Das, "Summer in Calcutta," 1965, p.10. (Gargesh 2006a, p.106
より引用)

（注24） 本名・竹下編著 (2018).

（注25） Rao (1970) p.5.

（注26） Verma (1982) p.175.

（注27） Gargesh (2006b) p.362.

コラム1 インド人とのコミュニケーション　　　　森下淳子

　IT 業界で通訳をしていると、インド人と日本人のビジネスにおけるコミュニケーションの橋渡しをする機会があります。インド人と日本人とでは、会話の進め方、意思決定の過程、突発事項への対応方法などが正反対ともいえるほど異なっていると思うことがあります。この違いが壁となって、互いに否定的になったり、対立することになったりもします。両方の側から状況が理解できる通訳者という立場上、そのようなやり取りに歯がゆい思いをすることもあります。そこで以下では、これまでの通訳者としての観察に基づいて、インド人のコミュニケーション上の特徴について、日本人の視点で述べてみたいと思います。読者の皆様がインド人のビジネスパーソンと接する際のご参考になれば幸いです。
　まずはインド人の話の進め方についてお話しします。インド人はとにかく一方的に語

ります。プレゼンテーションなどでは、自分が準備して来て話す予定の内容はその場で全ていい尽くそうとします。聞き手が理解していようがいまいが、お構いなしといった勢いです。聞き手の日本人は、そんな立て板に水のように滔々と語り続けるインド人にしばしば圧倒されてしまいます。

　次は、話の展開方法です。インド人の会話の組み立て方はとても論理的です。結論が最初に提示され、理由や背景情報、補足情報が後に示されます。とても明解で、この点ではインド人のコミュニケーションに軍配を挙げたいと思います。一方日本人の場合よくあるのは、まず長々と状況説明をしてから、後半で結論を述べるという話し方です。結論は明示されないことすらあります。インド人は忍耐強く、たいていの場合最後まで聞きますし、勘がいい方が多いので、自分で推測しながら流れを掴み解釈しますが、経営層など重要な意思決定に関わる人の場合は憶測は許されないためか、自分の求める解答を得るまで、執拗に同じ質問を繰り返す場合もあります。

　第三に、インド人はある事柄について「できるかできないか」（can or cannot）と聞かれると、「できない」（=cannot）とは言いません。「できない」（cannot）と答えることは、自分の能力（状況対応力も含めて）がないと受けとられると思っているようです。そのため、何か頼まれると、とにかく No problem! と愛想よく二つ返事で応じます。この点、よほど確実でない限り、簡単には「できます」とはいわない日本人が、インド人の「できます」を同じ重みで信頼し、それを見込んでその後の行動を決めると、実際にはインド人が「できませんでした」で終わり、大慌てすることになったりします。

　また、インド人はドタキャンの名人です！　重要な約束でもメール一本で簡単に、直前にキャンセルします。それは、計画よりも事の流れや成り行きを重視するからです。Plan A がうまく行かなければ、すぐさま No Choice! と Plan B に切り替えるのです。臨機応変ともいえますが、予定や計画遵守を重んじる日本人はその急展開にしばしば面喰います。インド人と約束するときは、ドタキャンを想定してこちらも Plan B を用意して臨むのが得策かもしれません。

　これらは私が観察したインド人のコミュニケーションの特徴のごく一部ですが、もちろんすべてのインド人について当てはまるわけではありません。寡黙なインド人(almost an oxymoron!?) もいれば、けっしてドタキャンしない人もいます。相手の顔色や周りの空気をとても気にするインド人もいます。しかし、上に述べたような場面に遭遇する可能性があることをあらかじめ知っていれば相手の言動が予測でき、無用な軋轢や衝突は避けられるのではないでしょうか。

コラム執筆者紹介
森下淳子：英語通訳者。インド英語に関心をもち、日印ビジネス通訳歴も豊富。

　インドで投資をする時は現地資本との「合弁会社」にすべきか、海外直接投資（FDI: Foreign Direct Investment）政策によって認められた「完全所有子会社」を選択すべきかが問題です。インドは連邦共和制の国ですから、州によって規制、制度が異なることがさらに問題を複雑にしています。

　インドでの諸事情を考慮し「合弁会社」を選択すると決めたとき、気になるのは、今までの失敗例が多くあることです。とにかく13億人の大国ですから、何でも結論をひとまとめにするのは無謀でしょうが、合弁会社での運営のヒントになればと思います。

　インド人についてよくいわれるのは「TTT」(Talk Talk Talk)(しゃべりすぎ)、「MFA」(Me First Attitude」(自分優先)、「PTB」（Pass to Back」（他人任せ）です。実際、私の合弁会社での経験でも結構当たっていると思います。このポイントを日本人の多くのビジネスマン気質と比較すると、かなりインド人とは真逆の気質なのではと思います。

　日本人は海外に出ると自分の意見をあまり全面に出さずに、周りに気を遣い、話すのは面倒と自分の担当以外のことであっても黙って処理してしまう傾向にあります。言い換えれば、インド人には一定の仕事に集中して処理するのに優れ、日本人は全体像を見て、チームワークに優れています。

　合弁会社において、双方がこの真逆の気質であることをうまく認識すれば、互いに補完し合える可能性があるということではないでしょうか。むしろ、インド人は良きパトナーになれると思います。

　ある日系の合弁会社でのことです。インドでは女性の地位はまだそれほど確立していませんが、女性のシステムエンジニアがPCを使って日本語で日本の顧客と対応し、日本語のシステムを構築しているのを見ました。一点集中するとすごい力を発揮します。

　インドにも新しい変革の時代が来ていますが、日本との共同作業には明るい未来が期待できます。

●コラム執筆者紹介
白崎善宏：財団法人の理事長としてグローバル人材育成に尽くすとともに、インドで合弁会社を長く経営し、日印ビジネス交流に携わる。

第2部

インドのビジネス慣行と
インド英語のビジネスレター

　　インド人とビジネスをするときには、インド社会のビジネス慣行とインド英語のビジネスレターについて、ある程度の知識が必要になります。もちろん、インド人に日本の習慣とスタイルを理解してもらうことも大切になります。だいじなことは、おたがいに相手のことを学び合い、譲り合うことでしょう。ここでは、インド人のビジネス慣行とビジネスレターについて、簡単に紹介しておきます。

第8章　インドのビジネス慣行

　インドのビジネスはインド文化と社会組織に深く根付いています。商談の手順や意志決定の仕組みはすべて、その影響を受けるといっても過言ではありません。インド人の世界観は一言で言い表せませんが、次の視点から概観することができます。

1. 時間と忍耐
2. 階層と人間関係
3. ロジックとプランニング
4. 習慣と感受性

1.　時間と忍耐

　何千年もの歴史を経たインド社会では、時間は悠久でたっぷりあるものととらえられています。ですから、物事をゆっくりとあつかいます。一方、日本では欧米の影響を受ける過程で、時間は有限で、甚だ少ないものととらえられ、迅速さを尊重するようです。これは一定の時間内にいろいろなことをする習慣（many things in a time frame）と、一定の時間内にひとつのことに集中する習慣（one thing at one time）とに区別されます。インドは前者を特徴としています。

　そのために、次のようなことが、よく起こります。このような習慣に慣れていない日本人には、効率が悪い（はちゃめちゃ）と映り、フラストレーションのもとになりやすいので、気持ちを準備して臨み、寛容の精神で接するとよいでしょう。まずは、インドの習慣の特徴を理解しましょう。

- 会議が中断される。いくら重要な会議でも、途中で秘書が部屋に入ってきて、上司の署名を求めたり、他のメッセージを伝えたりすることがよくあります。また、緊急の電話が鳴ったりすることもあります。
- 時間厳守とはいかない。インドでは、時間厳守という態度は、なかなか通用しません。交通渋滞といった不可抗力もあるし、前の会議が予定より長引くことも多々あります。これにいちいち目くじらを立てていると、すべてが始まりません。スケジュールに余裕をもちましょう。

- 間際に変更がある。予定は往々にして変更されます。間際の変更はあたりまえです。
- 中止、延期がある。会合などの予定は他の緊急対応を要するできごとが起きれば、中止されたり、延期されたりします。怒ってもしかたがないのです。

　インドでは、忍耐が最も重要な美徳です。これはインドでビジネスをするときに、いつも最初にいわれることですが、日本人にはなかなかなじみにくいことでもあります。それでも、これは絶対に必要な処方箋なので、多くの日本人ビジネスピープルは経験を積むなかで、これを学習していきます。

2.　階層と人間関係

　インドでは、伝統に従い、多くの家族は依然として、一軒の家屋に多世代が同居しています。生活のしかたは各家族の経済状況や社会階層によってさまざまですが、親族の絆はどこでも堅固に維持されています。このことは商店、会社、商社にも顕著に現れています。昔から、ビジネスはたいがい家業として、世代間で継承されているのです。

　インドのビジネスでは、高い地位、権威、称号、権力のある人物を尊重する習慣があります。ですから、取引にあたっては、まずは、その会社の階層構造を知ることが大切です。それによって、だれと交流し、関係を構築すべきかがわかります。会社では、暗黙のうちに、トップや上司や年配者（長老）に礼をつくし、敬う伝統と慣習があります。

　一般に、インドのビジネスは極めて階層的といえます。例外は IT や他のいくつかの分野にかぎられます。そのために、適切な人物とよい関係をつくることが大切です。階層は年齢や経験の観点だけで、できているわけではありません。会社の意志決定にどのような影響をもつかという観点もあります。

　この意味で、インドの会社と交渉するときには、関係者の組織内の役割を知ることから始めるのがよいでしょう。会合をもつときには、先方の出席者全員の役割に気を配る必要があります。しかも、ときには、意志決定者が会合に出席しないこともあるので、ことさら注意が必要です。

　関係する会社組織の仕組みを知るためには、正式の会合の前に、コンタクトパーソンとの食事や打ち合わせ会のなかで、会社の内情や要人の地位・役割、そしてコンタクトパーソン自身の立場について、それとなく聞いておくことを奨めます。

なお、それはあくまでも相手会社のバックグラウンドやいろいろな事実を知るためなので、日本人からみた評価的な発言は絶対に慎むべきでしょう。

インド社会の階層は会合、挨拶、対人行動の習慣に如実に映し出されています。

- 会合では、入室すると、出席者のなかの年配者の前に進み、目を合わせ、敬意をもって挨拶します。たいがいは、コンタクトパーソンが案内してくれるでしょう。あるいは、そのように事前に依頼しておくとよいでしょう。
- 会議室にいるときに、年配者が入室したら、敬意をもって起立し、年配者の着席を待って着席します。
- ビジネスでは握手が普通になっています。それでも、年配者に対するときには、「ナマステ」といいながら合掌するのが、敬意の表明として最も適切な礼儀作法です。日本人もやってみてはどうでしょうか。
- 握手、名刺の交換、飲み物を受けるなど、なにごとにも、右手を使うのが礼儀になっています。
- 足を相手に向けるのは失礼になります。特に、年配者に対してこれをすると、不敬のそしりを免れません。誰に対しても、足で触れてはなりません。足が触れることがあれば、すぐに謝罪します。

ナマステ

- 年配者に人差し指やポインターを向けるのは粗野な振舞いとみなされます。
- 年配者の「面子」をけがしてはなりません。年配者を人前で批判したり、逆らうのはやめたほうがよいでしょう。周りの人びととは和の精神で接し、信頼関係を築くことを主眼とすべきです。
- ビジネスパートナーの人柄を知り、信頼関係を築くことは、とてもたいじなことです。相手はそのつもりで、個人や家庭について気軽に質問をします。結婚していますか、子どもは何人ですか、宗教は何教ですかといった問いはよくあります。気軽に答えましょう。
- 会合は雑談（スモールトーク）から始まります。インド人は好奇心に満ちており、初対面の人とも意見をいろいろと言い合うのを好みます。
- 交渉には年長者が大きな影響力をもちます。当人は会合に出席していないこともよくあります。特に、初期の段階では、そのケースが多いです。年長者との関係では、相互信頼がなによりも大切です。データ、統計、プレゼンだけに

頼っていては、信頼関係はできにくいものです。お互いが魅力ある人間でなければなりません。また、その演出も大切です。

- 会合などで相手に呼びかけるさいには、英語を話していても、ファーストネームを使うことはまずありません。たいがいは、Mr./Mrs. 名前の後に -ji（敬意を表す接尾辞）をつけた言い方をします。日本人もインド人に Mr. Gargesh-ji とか Mrs. Sharma-ji という練習をしておくとよいでしょう。
- インド人は相手の気持ちを配慮して、交渉の途中でやたらに「ノー」とはいいません。最後の段階まで、やりとりが可能です。途中で「ノー」といわれたら、その意味をよく理解する必要があります。実は否定（拒絶）ではないかもしれないのです。
- インドでは、ことがら（内容）もさることながら、プロセスやアプローチが重要です。会社の階層・序列システムを理解したうえで、それに則して交渉を進めるのが望ましいでしょう。地位の高い人や年配者の前で異議を述べるさいには、礼儀知らずのそしりを受けないためにも、外交的手腕、思いやり、ウィン・ウィンの態度が望まれます。
- 交渉の最終決定者は会社や部門の長であり、その人がすべての責任をとることをお忘れなく。

3.　ロジックとプランニング

　インド人はこの世のできごとは非直線的な特性をもち、それは時に個人のコントロールを超えていると考えています。これは西洋人の直線的な因果関係という考え方とは、異なるものです。この違いを十分に認識し、それが交渉にどう反映されるかを意識することが、インド人とのビジネスの成功につながるのです。

　インド人は帰納法を運用し、詳細から一般に向います。そして、この部分が全体にどうつながるかを注視します。そのために、多くの外的、非本質的、偶発的な要素が予定や計画の変更を引き起こすことにもなります。市場での想定外のできごとが不可抗力として、意思決定と交渉プロセスに影を落とすのも、このためなのです。

　交渉は長引き、議題からそれることもあります。日本人は忍耐強くなくてはなりません。そして、流れのコンテキストと方向を見極めなければなりません。しかも、すべての最終決定はトップが行います。何度もいいますが、彼らは会合に出席しているとはかぎりません。会社のさまざまなレベルで信頼関係を重ね、根気よ

く質疑応答を繰り返す必要があります。

4. 習慣とエチケット

　インドは世界のなかで最も多様な民族文化をもつ国のひとつです。また、インドは洗練された、近代的な産業新興国であると同時に、多くの未開種族と貧困層をかかえています。また、宗教や言語が人びとを分けていることも、これに重なります。さらに、富の配分が不均衡なために、極めて大きな貧富の差もあります。

　これを一言でいうと、インドは地域、言語、宗教、食物、衣服、しきたりなどのさまざまな面で、実にダイバーシティに富んだ国であり、この多様性こそがインド文化の特徴なのです。実際、インドはさまざまなものが入り交じり、インドの理解は一筋縄ではいきません。まさに試行錯誤の繰り返しです。

　それでも、まるでマサーラ（混合スパイス）のように、いったんその味を覚えると、魅力に取りつかれてしまいます。だいじなことは、センシティブであることです。インドの企業と本格的にビジネスを始めるにあたっては、現地の人をアドバイザーとして迎え、専門的なアドバイスや情報を定期的に得ることを奨めます。

（1）企業文化

　繰り返しになりますが、インドのビジネスでは、重要な意思決定はトップが行います。ひとりの最高責任者がすべての主要な決定をくだすのが普通なのです。このことからして、日本人ビジネスパーソンとしては、できるだけ上位の人と知り合い、行き来を重ね、信頼関係を築くことが求められるのです。

　名刺交換はよく行われます。インド人は儀礼上のしきたりを非常にだいじにします。紹介されたときはまず名刺を手渡します。英語の名刺がよいでしょう。受け取ったら粗末にあつかってはなりません。

　インドでは、いきなりビジネスの話をするのは無粋と考えられています。まず、相手の家族、関心事、趣味などから始め、それからビジネスの話に入るのが普通です。

　インドでは、ビジネス交渉はゆっくり進み、困難な局面も多々あります。いつも礼儀正しく、忍耐強く対処する姿勢が求められます。「できません」といわれても落胆したり、怒ったりしてはだめです。リクエストを再度、笑顔をもって別の言い方で伝えることが大切です。最終合意に達するには、数回の会合を予定するのが

よいでしょう。

　会合では、甘いミルクティーやコーヒー、あるいはソフトドリンクがふるまわれることが多いです。それを断わるのは失礼にあたります。カップやグラスが空になると、すぐにリフィルされます。苦手なものがあれば、ゆっくりと飲むのがよいでしょう。

（2）食事と接待

　最初の接待は、一流ホテルのレストランでなされることが多いようです。ビジネスは食事をともにするところで話し合われるからです。ホストがビジネストークを切り出すものとされています。ビジネス相手の家庭に食事の招待を受けたときには、断らないことを奨めます。どうしても行けないときには、ちゃんとした理由をあげるのが望ましいでしょう。「先約」は、もっともな理由のひとつです。ビジネスの集まりでは、配偶者も参加することがよくあります。家庭でのディナーには、指定された時間よりも 15 ～ 30 分くらい遅れて到着するのが普通です。

　ホテル、レストラン、家庭での集まりでは、ゲストはホストに花輪を首にかけてもらうことがあります。数分したらこれをとりはずし、手に持つのがよいとされています。それは謙虚な態度を示すことになるのです。ホストはゲストにサーブするとされています。ホストが奨める食べ物を断わらないのが普通です。ただし、お皿のすべてを食べつくさなければならないと思う必要はありません。

　食卓にフォークやナイフが用意されているところで、ホストがそれらを使わずに手で食べるときは、日本人のゲストがそうしたいと思うなら、"May I use my fingers?"（自分もそうしたいです）とまずいって、相手の了承を得てからしたほうがよいでしょう。手を使うときには、右手を使い、親指、人差し指、中指、薬指を使い、小指は使いません。食べ物は大きなお皿からスプーンで取り、自分のお皿にのせます。そのさいに、指で取ってはなりません。チャパティ（chappati）やプーリ（poori）は手でちぎって、おかずをすくって食べます。

　招待に応じるときには、ゲストはホストやホストの子どもにお土産を持参し、謝意を示します。また、招待を受けたなら、次回に同程度のお返しをします。これはときに、繰り返されます。とほうもない豪勢なディナーに招待してはなりません。相手を当惑させるだけです。招待するさいには、次の点に気をつけましょう。

- 相手の習慣や好みを知ることが大切です。

- インド人は全員がベジタリアンとはかぎりません。non-veg（ノンベジ［ベジタリアンではない]）という言い方もあります。veg (vegetarian) が基本であることは確かです。
- ビーフはヒンディー教徒、ポークはイスラム教徒のタブーです。
- インドでは、お酒を飲まないとされていますが、実際にはお酒をたしなむ人も多いようです。相手の希望を聞くのが望ましいようです。お酒を飲む人はビールかウィスキーが多いようですが、ワインもポピュラーになりつつあります。パーティーなどで、お酒を入れたグラスをティッシュで隠している人を見かけます。慎みのある態度を示そうとしているのでしょうが、罪の意識もあるのでしょう。
- インドでは、特定の日や状況によって食べ物に制限があるので、それらの習慣を知る必要があります。

（3）ドレスコード

　伝統的な衣服は地域によって異なります。ビジネスでは、男性はスーツとネクタイを着用します。夏場は、上着なしでも、カジュアルな服装でもかまいません。女性は伝統的なサリーあるいはシャルワール・カミーズ、もしくは地味なパンツスーツかドレスが普通のようです。衣服の選択においても、階層がみられます。若手と年長では、基本的なズボンやシャツでも違ったものを選びます。また、外国人がインドの伝統的な衣装をまとうことは、どんな場合でも歓迎されます。

（4）贈り物

　贈り物は歓迎されます。ただし、ビジネスの初回会合であげるものではありません。関係が深まるなかで、差し上げるものです。贈り物をあげるときには、両手で渡します。色彩豊かなラッピングが好まれます。白黒は不吉な色といわれています。贈り物は贈り主の面前で開けてはいけません。日本からのお土産は喜ばれます。お酒の贈り物は、相手がお酒を飲むことがわかっているときにのみ可能です。

（5）女性の社会的地位

　インドの法律では、男女は平等にあつかわれます。ただし、ビジネス界は、依然として、男性支配の社会のようです。日本の女性が交渉を代表するのであれば、会

社での地位や役職をはっきりと述べ、権限があることを示すとよいでしょう。

（6）ボディーランゲージ

外国に行くときには、その国の人びとの顔の表情やしぐさのルールに、注意をはらう必要があります。このようなルールは民族文化によって大きな違いがあります。それは各国の礼儀作法の基礎になっています。この対応をあやまると無用な誤解を招き、さらには大きな問題に発展しかねません。次に、インドの規範をいくつかあげておきます。

- インド人の個人間の距離は密接ではありません。腕を伸ばせば届くくらいのところが快適とされます。インド人は身体が触れるような距離を好みません。
- 男性どうしでは、背中をたたきあいますが、これは友だちであることを確認し合うしぐさです。
- インド人が頭を後ろに反らせると「ノー」、横にゆらゆらと振ると「イエス」の意味になります。日本人の「イエス」と「ノー」の反対のような印象を受けることがあるので、要注意です。
- 人に触れるときは右手を使います。お金を手渡すのも、ものをつまむのも同じです。左手は不浄とされています。
- 人の頭を触ってはなりません。頭は敏感なところと考えられています。
- インド人の手招きは、腕を伸ばし、手のひらを下に向け、指をそろえてひっかくようにします。日本人がする手や腕を上下に振るしぐさ（「おいでおいで」）は、インド人には無作法に映ります。
- 人に指差しをしてはなりません。それは下位のものにするしぐさなのです。インド人はその代わりに、顎、手、親指を使います。ただし、顎をつかうのは上位のものにはしません。
- 足やはき物（靴、スリッパ、靴下、ストッキングなど）を他人に向けることは、侮辱行為になります。
- 感情を公共の場で表現するのは、よくないとされています。

手招き　　　　　顎で指示

5. インド人は商い上手

　インド人は商い上手といわれます。これは企業のビジネスパーソンだけではなく、街の商人にもいえます。特に、彼らは交渉力に長けています。値段交渉などでは、お互いに言い分を積み重ね、自分のほうを有利に導く努力をします。商店で、店主とお客の交渉を聞いていると、実におもしろくて飽きることはありません。

　インド人は交渉で、論理をだいじにします。私（本名）は、こんな経験をしました。あるモールで婦人用の肩掛け（ストール）が目にとまりました。カシミール産のカシミア製とあります。値段は確か２千円くらいなので、よい買い物と思いましたが、ひとまず値切ってみました。

　すると、なんと、こんなことをいうのです。"You are looking like a rich Japanese tourist. The price should be much higher in your country. I do not understand why you want a lower price."（あなたはお金持ちの日本人観光客のようですね。日本ではこんなに安くは買えないでしょう。どうして値切ったりするのですか、私には理解できません）恐縮して、思わず、言い値で買ってしまいました。（looking の進行形はインド英語。第 1 部の p.51 を参照）

　同じようなことを、今度は観光リゾートの仕立屋さんでも経験しました。シャツを仕立てようと、値段の交渉に入ろうとしました。すると、ここでは、値引きはしないといわれました。そして、上のようなことをいいます。さらに、"You know, we are poor merchants, compared with you."（あなたとくらべたら、私たちは貧しい商人ですよ）と強調もします。でも、値段が日本とくらべても、それほど安くはないし、インド標準でも高めなので、粘りました。"I will buy two if you give me a 50% discount for the second one."（2 枚目を 50% 引きにしてくれたら、2 枚買いましょう）というと、"80%." と言い返されました。"50 because I buy the first one for your price."（50%だよ。1 枚目を言い値で買うんだから）とかいって、なんとか頑張りました。楽しい思い出です。

第9章　インド英語のビジネスレター

　次に、インド英語のビジネスレターを分析します。インドのビジネスコミュニケーションでは、口頭でのやりとりはひんぱんに行われますが、大切なことがらは、手紙や文書で伝えます。それらを郵送するのが正式ですが、最近ではEメールが普及しています。インドのビジネスレターには、次のような特徴がみられます。

(1)　自画自賛も臆することなく、自社のこと、自社に関連することを最良のものとして、最大限に表現する。
(2)　細部をきちんと表現し、できるだけあいまいなところを残さない。
(3)　厳密なビジネス運営と社風の格式を示すために、荘厳で、古式豊かな言い回しを好む。（これはイギリスビジネスの伝統と 19 世紀のイギリス英語の伝統を反映している。）
(4)　複雑な構文を手際よく使いこなす。
(5)　インドビジネスの略語を使う。
(6)　最後は Thanking you.（まずは御礼まで）で結ぶ。

　これらは日本人には堅苦しく、難しく感じられるかもしれません。以下にあげるサンプルを参考に、よく慣れるようにしてください。これらの文体と表現に慣れると、インドの香りを感じ、その気品に感銘を受けるでしょう。これらの事例は実際のものですが、固有名詞などは改変しています。

　なお、インド英語のビジネスレターや文書には、第 1 部で述べたような語法の特徴が随所にみられます。適宜、第4〜6章を参照してください。

サンプル1　代理店を依頼する提案書

　自社の製品（サービス等）の販路拡大をはかるためには、代理店が必要です。代理店の正式な依頼は文書で行います。依頼にいたった経緯から始め、自社の製品（サービス等）の紹介をし、相互協力がお互いの利益につながることを記します。下記のパターンは今でもよく使われています。

Sindhi Lamps [1]
Govt. Order Suppliers [2]
279, Gole Market
Lucknow

16th March, 2018 [3]

M/s Dinesh & Dinesh [4]
Chawri Bazaar
Delhi

Dear Sirs

We have come to know from our branch office, New Delhi [5] that your firm can best represent our goods in Delhi and other adjoining cities and towns. There is a wide and fair scope of business and it can certainly give you a turnover of Rs. 7 lakhs [6] per year with a little publicity.

Our product "Sindhi Lamps" which is available in different watts is well known in the market and can compete well with other lamps. Our branch at Lucknow will help you considerably in giving a wide publicity in the area referred to.

A booklet containing our terms for agency is attached.　We hope that you will avail of [7] this opportunity.　We assure you of our sincere cooperation.

We look forward to hearing from you soon.

Thanking you

Yours faithfully [8]

Jagdish Dhar
Prop. [9]

● 語注

(1)　差出人

(2)　**Govt. Order Suppliers**　「政府備品供給業者」

(3)　日付

(4)　宛先　**M/s**　Messrs.（フランス語 Messieurs より）の略。Mr. の複数形として社名の前に使う。

(5)　**our branch office, New Delhi**　「ニューデリー所在の当社支部」

(6)　**Rs. 7 lakhs**　Rs. は Rupee（ルピー）の複数形 Rupees の略。ルピーはインド・パキスタン・スリランカなどの貨幣単位。1インドルピーは2円弱相当。lakhs は lakh「10万（の）」の複数形。Rs. 7 lakhs は70万ルピー。

(7)　**avail of**　「（機会などを）利用する」イギリス英語の avail oneself of を簡略化したもの。インド人の感覚では avail oneself of は use と同義なので、自己を利用する（avail oneself=use oneself）という発想が理解できないという。そんなことは不可能であるというのである。そこで、oneself を取って、avail of で使っている。

(8) 「敬具」に相当。

(9) **Prop.** Proprietor（経営者、所有者）の略。

......

　私どもは弊社のニューデリー支部の情報に基づき、御社が弊社の商品をデリーならびにその近隣市町でお取扱いいただく代理店としてベストであると判断いたしました。弊社の商品は広範囲にわたり、かなりの量の需要があり、御社には若干のパブリシティにより年間 70 万ルピーの売り上げが見込まれます。

　弊社の製品のシンディランプはワットの種類も多く、市場ではよく知られており、他社のランプに負けるものではありません。弊社のラクノウ支部では御社担当の地区でのパブリシティーにあたって十分に協力させていただきます。

　弊社の代理店契約に関する書類を添付いたします。この機会を是非、ご利用いただきますことを願っております。弊社は御社に誠意をもってご協力させていただきます。

　迅速なご返信をお待ちしております。

　感謝しつつ。

　敬具

......

サンプル2 代理店になる意思を表明する書状

　自分から他社の代理店を希望する書状を書くこともよくあります。その場合、有力な企業等の紹介があることを記すのが望ましいとされます。そして、自社の業績を示し、代理店としていかに有効であるかを述べ、さらに、自社の信用を保証する企業や銀行名などをあげます。以下はその見本ともいえます。

Sachin, Kapil & Co.
21, Sarla Singh Road
Muradabad

16th March, 2018

Messrs Goel Mills & Co.
Sadar Bazaar
Delhi

We have come to know from M/s Singh & Co., Delhi that you have no representative of your mills[1] in Faizabad and Etawah.

We are the reputed wholesale dealers[2] of 'Basmati,' 'Annapoorna' and 'Sona Masuri' varieties[3] of rice. Our firm is in the market for a very long time and we are the sole[4] agents of M/s Taj Mahal Basmati Ltd., Delhi and M/s Agarwal & Agarwal, UP[5]. We have been supplying other major varieties of rice and its products in many cities including Faizabad and Etawah. We also have our branches in Muzaffarpur and Meerut.

We are confident that M/s Singh & Co. of Delhi and the State Bank of India[6], Muradabad will speak of our financial

position, business dealings and integrity[7].
Kindly apprise us of[8] your terms and conditions[9], if you decide to appoint us your sole agents.

Awaiting an early reply.

Thanking you

Yours faithfully

Sachin
Partner[10]

● 語注

(1) **mills** 「製粉所」

(2) **reputed wholesale dealers** 「高い評価を受けた卸業者」自社宣伝・広報に欠かせないことば。

(3) **varieties of rice** 「(米の) 品種」

(4) **sole** 「唯一の」

(5) **UP** 「ウッタルプラデシュ州」Uttar Pradesh の略。

(6) **State Bank of India** 「インド公共銀行」パブリックセクターの銀行で、政府が 77%の株を保有。

(7) **integrity** 「企業として誠実、高潔であること」ビジネスとして欠かせない評価基準。

(8) **apprise (us) of** 「に知らせる」Kindly apprise us で「お知らせください」の意味。

(9) **terms and conditions** 「条件」類義語を重ねている。

(10) **Partner** 「共同経営者」

和訳

……

　当社はデリーのシン商会様より、御社がフェザバドとエタワに御社製粉所の代理店をお持ちでないことを知りました。

　当社はバスマティ、アンナプールナ、そしてソナマスリ米の卸業者として高い評価を受けております。当社は長年にわたって営業をしており、タージマハールバスマティ社様（デリー）ならびにアガールワル商会様（ウッタルプラデシュ）の独占的代理店を務めております。当社はフェザバドとエタワを含む多くの都市で、他にも主要な米品種とその製品を供給しております。当社はまたムザッファルプルとメールトに支社を置いています。

　当社の財務、営業、さらに企業倫理についてはシン商会様（デリー）、そしてインド公共銀行様（ムラダバド）より推薦をいただけるものと確信しております。

　御社が当社を独占的代理店として任命いただけるならば、御社の条件等をお知らせいただきたく存じます。

　迅速な返信をお待ちしております。

　敬具

……

サンプル3　代理店依頼の条件を提示する書状

　企業が代理店と業務提携を結ぶにあたっては、契約書（合意書）を交わすことになります。企業側から契約書（合意書）が別紙で提示されることもありますが、通常の書状のなかに記されることもあります。内容は単純なものから、詳細なものまで、いろいろです。以下は、独占的契約なので、企業側から代理店側に諸条件を明確に提示しています。インドでビジネスを考えている日本企業にとって、とても参考になるサンプルです。

Aliska Corporation
AirPort Road
Chennai

M/s Vaishnavi Traders
56/2, Chinmaya Nagar
Chennai

21st December, 2018

Dear Sirs

We thank you for your letter dated 18th October 2018. Further to this [1], we shall be glad to appoint you as our sole-agent for certain areas in Tamilnadu on the following terms and conditions:

1. The sole-agency will mean sole distributorship of our computer 'ALISKA' and no other product manufactured by us.
2. That the sole-agency shall be for a certain area in Tamilnadu only [2].
3. That you shall deposit with us a cash security [3] of Rs.

80000 [4].

4. That you will give us an annual sale of 1 million and a commission of 15% shall be paid on this amount. 10% extra commission shall be paid on [5] exceeding your sale of 1 million and 15% on exceeding your sale of 2 million.

5. That the amount of commission shall be settled annually after you have crossed the sale of 2 million.

6. That you shall give us at least 8% increase in sale, every year.

7. That the payment of bills shall be made in 60 days and credit at no time will go beyond Rs. 150000 including your security of Rs. 80,000. Therefore in case where this limit of 1,50,000 is achieved, further documents shall be sent through Bank for immediate payment.

8. That so long as you sell our 'ALISKA' you will not sell any other computer, even for those firms for whom you are sole distributor for their other products.

9. That all publicity material, leaflets, price lists etc. shall be supplied to you at our expense.

10. That all goods shall be sent F.O.R. [6] anywhere in Tamilnadu.

11. That all goods shall be properly packed in cardboard boxes each computer separately [7], and no responsibility for any damage, whatsoever, shall be borne by us, once the goods leave our place. This, however, excludes any manufacturing or technical defect which shall be got rectified [8] at our cost.

12. That you will not pledge or mortgage our goods [9] to anyone at anytime for any reason whatsoever.

13. That all sales made by you which carry special offers by us will entitle you to your usual commission.
14. That all orders received from you shall be executed as promptly as possible, subject, of course, to the availability of stock.
15. That either party is at liberty to terminate the contract by giving 120 days notice in writing.
16. That disputes, if any, shall be subjected to Tamilnadu Courts only.

We hope that you will find the above terms and conditions acceptable.

Please return us two copies of the agreement duly signed and stamped⁽¹⁰⁾ together with a draft for Rs. 80,000.

Thanking you

Yours faithfully
For Aliska Corporation
Managing Director

Encl: Agreement in triplicate⁽¹¹⁾.

● 語注
(1) **Further to this** 「これに関してさらに」イギリスの正式のビジネスレター用語を踏襲している。
(2) **only** インド英語では only を句末や文末につける。
(3) **cash security** 「現金担保」
(4) **Rs. 80000** 桁表記に注意。以下、Rs. 150000、Rs. 80,000、Rs.

1,50,000 などいろいろある。

(5) **on exceeding**　when exceeding のこと。

(6) **F.O.R.**　Free of Revenue（無償で）の略。品物が州内のどこに輸送されたとしてもその経費は免除される。

(7) **each computer separately**　「コンピューターごとに」

(8) **shall be got rectified**　「（不良品があれば）修理、もしくは交換される」二重受身で面白い語法。普通は get rectified。インド英語では受身形の使用は正式の使い方という印象がある。

(9) **pledge and mortgage our goods**　「商品を担保、抵当に入れる」起こりうる事態が想定されており、興味深い。

(10) **stamped**　「会社公印を押して」

(11) **Encl: Agreement in triplicate**　「同封物　同意書３通」

和訳

……

　2018年10月18日付のお手紙をありがとうございます。これに関しまして、当社は御社をタミルナドゥの特定の地域を担当する独占的代理店に指定いたしたく、お願い申しあげます。条件等は以下のとおりです。

1．独占的代理権とは当社のコンピューター「アリスカ」の独占的販売権を意味し、当社の他の製品には及ばない。

2．この独占的代理権はタミルナドゥの特定地域のみに関わるものとする。

3．御社は当社に８万ルピーの現金担保を提供する。

4．御社は年間100万ルピーの売り上げを確保し、当社はその15％をコミッションとして御社に支払うこととする。100万を超えた分には10％、200万を超えた分には15％の追加コミッションを支払う。

5．コミッションの額は御社が200万の売り上げを超えたところで、年次ごとに設定することとする。

6．御社は毎年最低８％の売り上げ増を達成するものとする。

7．請求書の支払いは60日以内に行い、15万ルピーを超える掛け売りはしてはな

らない。これは御社の8万ルピーの現金担保を含むものとする。それゆえ、15万ルピーの制限に達した時点で、銀行を通じて即時支払の新たな書類が送付される。

8．御社が当社の「アリスカ」を販売するかぎり、他のコンピューターを販売してはならない。それは御社が独占的代理店となっている他社の製品についても該当する。

9．パブリシティー用の資料、リーフレット、価格表等はすべて当社の費用で御社に提供する。

10．すべての製品はタミルナドゥ内でF.O.R.で送付するものとする。

11．すべての製品は各コンピューターを個別に段ボール箱に適切に収めるものとし、当社は出荷後の製品のいかなる損傷の責任も負わない。ただし、製造ならびに技術上の欠陥についてはこのかぎりではない。この種の欠陥は当社の費用で修理する。

12．御社は当社の製品を何人にも、いかなる時でも、いかなる理由があっても担保、もしくは抵当に入れてはならない。

13．当社の提供するすべての特別販売の利益は御社の通常のコミッションの対象にする。

14．当社は御社の注文をストックのあるかぎり、できるだけ速やかに処理する。

15．両社とも文書による120日前の通告をもって代理店契約を解消する自由を有する。

16．仮に紛争が生じた場合にはタミルナドゥ法廷のみにて取り扱うものとする。

当社は御社が上記の条件等を了解してくださるものと思っております。

御社の署名と公印のある合意書を2通、ならびに小切手（8万ルピー分）を当社にお戻しください。

感謝しつつ。

……

同封物　同意書3通

……

サンプル4　代理店オファーに対する受諾を表明する書状

　サンプル3の代理店要請に対して受諾する旨を伝える書状で、同時に、契約条件にすでに対応していることも伝えています。さらに、すぐに注文を開始しています。迅速な対応の見本となっています。1枚の迅速な返信書状で、3つの用件をコンパクトにまとめてあり、ビジネスレターの見本といえます。

Vaishnavi Traders
56/2, Chinmaya Nagar
Chennai

7th January, 2019

M/s Aliska Corporation
AirPort Road
Chennai

Dear Sirs

This has reference to [(1)] your letter dated 21st December 2018.

We have pleasure in accepting your terms and conditions of sole-agency. We have advised[(2)] our bankers to transfer a sum of Rs. 80,000 to your account. Kindly send us [(3)] the official receipt against[(4)] the security deposit.

We are glad to place our initial order for 1500 pieces. Intercity Transport Company[(5)] may dispatch[(6)] the same[(7)] via trucks instead of rail, as they will deliver the goods at our showroom, and it will be viable[(8)].

Also, please dispatch us some publicity material in order to enable us to send the same to our customers.

Thanking you

Yours faithfully

Mrs. Medha Gupta
Vaishnavi Traders
Managing Partner

● 語注

(1) **This has reference to ~** 「本書状は～に関することです、～に対する返信です」

(2) **advised ~ to...** 「～に…するよう通知しました」

(3) **Kindly send us** 「お送りください」

(4) **receipt against ~** 「～に対する領収書」against はインド英語、普通は for。

(5) **Intercity Transport Company** 「インターシティー運輸会社」インドの有名な荷物配達会社で、国内各地で営業している。

(6) **Intercity Transport Company may dispatch the same via trucks instead of rail.** 「鉄道ではなくインターシティー運輸会社を利用してトラックで発送するようにしてください」Please use ITC to dispatch the same. よりていねいな言い方。なお、dispatch「発送する」、deliver「配達する」、send「送る」だが、実際は同義。

(7) **the same** 「前述の商品」イギリス英語では the をつけない。

(8) **viable** 「有効である、有利である」useful よりも婉曲的。

和訳

......

　本状は 2018 年 12 月 21 日付貴状に対する返信です。

　当社は喜んで御社の独占的代理店の条件に合意いたします。取引銀行に対して御社に 80,000 ルピーを送金する手続きをとりました。この担保入金の公式領収書をご送付ください。

　当社は 1500 個の初期注文をいたします。鉄道ではなく、インターシティー運輸会社を利用して上記の商品を発送してください。後者は商品を当社のショールームまで配送できるので、便利です。

　同時に、パブリシティー資料も発送してください。顧客に配布するつもりです。

　感謝しつつ。

......

サンプル 5　支店開設のご案内（1）

　インドは広域なので、企業は製品の拡販と流通を迅速に、そして効果的に行うために、さまざまな工夫をこらします。そのひとつが、会社の規模に応じて、全国、州、あるいは地区内の要所に支店を設立することです。支店の設立は広報が重要で、それにはいろいろな方法があります。以下は、卸商に向けた支店開設の同文案内状です。自社の製品が優れており、需要が高いことを付け加えています。

Suraksha & Company
215/112, 10, Puniya Road
Meerut

20th January, 2019
Circular [1] No.302/15

Dear Sir/Madam [2]

We are pleased to announce that we are going to open a branch at 35, Sultanpur, Meerut. It will become operational [3] with effect [4] from 12th April 2019. This branch will exclusively attend to the wholesale dealers.

We have decided to open this new branch because of the overwhelming response for [5] our products and our inability to match the demand of our patrons [6].

We hope that clients from outside our city who were getting affected by the delay [7] will also stand to benefit by this new branch.

We request our wholesale clients to place your [8] orders with

---

our new branch and continue the generous patronage [9] in future too.

We are sorry for any inconvenience caused [10].

Thanking you

Yours faithfully,

Abhinav Jain
(Manager)

● 語注

(1) **Circular** 「同文案内状」特定の個人ではなく、社内外に広く伝達する同文の案内状。

(2) **Sir/Madam** 「御係りさま」名前を特定しない理由は、本状は回覧なので、社内・卸商の関係者に広くあてているため。

(3) **become operational** 「運用開始する」

(4) **with effect** 「効力を発する」なお、operational だけで十分であるが、インド英語では冗長な言い方はていねいな言い方にもなる。

(5) **response for** 「(当社製品に対する顧客の)反応」for はインド英語、普通は to。

(6) **our inability to match the demand of our patrons** 「お客様のご要望に間に合わないことがあるため」patron は customer, client のこと。

(7) **getting affected by the delay** 「遅れに不便を感じている」

(8) **your** clients (顧客) を指すので their が適当だが (サンプル6 参照)、ここでは親近感を出している。格式ばった言い方のなかにフレンドリーな態度がみられる。

(9) **continue the generous patronage** 「今後ともご愛顧のほど(よろしくお願いいたします)」generous の代わりに、kind もひんぱんに使われる。

(10) **sorry for any inconvenience caused** 「今までご不便をおかけしまし
たことをお許しください」any inconvenience that might have
been caused が正式。

和訳

　……

　当社はメーラト市スルタンプル 35 に支店を開設することにいたしましたので、こ
こにお知らせいたします。支店は 2019 年 4 月 12 日より営業になります。卸業者専
用とさせていただきます。

　当社が新支店を開設する理由は当社の製品に対する圧倒的な需要にもかかわら
ず、お客様の注文に十分に対応できていなかったためです。

　当市外で出荷の遅れでご不便をおかけしておりますお客様も、新支店をご利用い
ただきたいと願っております。

　卸業者の皆さま方におかれましては新支店に注文をいただき、今後ともご愛顧の
ほどよろしくお願いいたします。

　今までご不便をおかけいたしましたことをお許しください。

　感謝しつつ。

　……

サンプル6 支店開設のご案内（2）

次も取引先の卸商に向けた新たな支店開設の案内で、サンプル5と同じく同文案内状の形をとっています。支店開設の目的は、注文の迅速な処理であることを明記しています。これまで不便をかけたことに遺憾の念を表すことも忘れていません。そして、新支店の地域の卸商に、以後本社ではなく新支店に注文するよう求めています。

1225, Chah Indara Kuan,
Chandni Chawk,
Delhi - 110006

20th December, 2018
Circular No. 408/05

Dear Sir/Madam

Owing to heavy rush at this time of the year, we were unable to revert back to [1] all our patrons.

Also, this was the reason for the long delay in the execution [2] of orders and sometimes we could not execute orders of the firms outside our city. We are sorry for the inconvenience caused to our patrons.

Keeping this inconvenience in view [3], we are pleased to announce the grand opening of our new branch at 49, Karol Bagh, Delhi 110005. The branch will start functioning with effect from [4] 15th January 2019 and will exclusively attend to the wholesale dealers.

We, therefore, request all our clients to patronize our new branch.

Thanking you

Yours faithfully

Satyajeet Singh
(Manager)

● 語注

(1) **revert back to** 「対応する」「〜の声を聞く」back は不要だが、インド英語では定番。

(2) **execution** 「（注文の）処理」execute = take care of。

(3) **Keeping this inconvenience in view** 「この不便を考慮して」インド式言い方、普通は In view of this inconvenience。

(4) **start functioning with effect from** 「〜より開業します」サンプル5にある become operational with effect from と同じ言い方。

和訳

……

このところ注文の殺到により、当社はすべてのお客様のお声を聞くことができませんでした。

そのことにより、ご注文の取扱いで遅れをきたし、市外の会社のご注文を処理しきれませんでした。お客様にご不便をおかけし、真に申し訳なく思っております。

当社はこのことを考慮いたしまして、デリー市カロルバーグ 49 に新支店を大々的に開設することといたしました。本支店は 2019 年 1 月 15 日より営業いたします。そして、卸業者様に限定させていただきます。

つきましては、お客様には本支店でご注文を承りますので、よろしくお願いいたします。

感謝しつつ。

……

サンプル7 アライアンス交渉の発足を歓迎する書状のドラフト

　企業は他の企業とアライアンスを結び、連携してビジネスを展開します。それは相互補完を目指すとともに、相互利益の追求につながります。本状はボスがアシスタントに口述したもののドラフトで、ボスの了承を得て正式な書面となります。インドでは、ボスが書状を口述することがよくあります。本状では、アライアンス交渉の様子とドラフト段階の文章の様子がよくわかります。

Amitabh Buildings Pvt. Ltd.
26, Badarpur, Gurgaon
Delhi 122108

29th January, 2019

APH Designs Pvt. Ltd.
74, Rajpur Marg
New Delhi 110045

Hello [1],
I am writing to forward [2] the minutes [3] of the business meeting we had yesterday. I also wish to say thank you for agreeing to bring APH Designs Pvt. Ltd. as part of a strategic alliance with Amitabh Buildings Pvt. Ltd.

As per [4] the decisions made during the meeting, we will meet few [5] more times in the next couple of months to strategize [6] and concretize [7] the plan.

Thanks again for taking such bold action [8]. I'll be calling you on Tuesday 26th Feb around 10.30 to set up the initial meetings and discuss some other details.

I look forward to great future together for APH Designs Pvt. Ltd. and Amitabh Buildings Pvt. Ltd.

It is indeed a pleasure to work with visionary, forward-thinking people[9].
Thanks again
Regards,

Venkat

P.A.[10] to the Manager

● 語注

(1) **Hello** 「拝啓」後で宛名を挿入する。このような重要なビジネス文書で、宛名を記入しないことはない。

(2) **forward** 「送信する」郵送や宅配便にも使う。

(3) **minutes** 「議事録」複数形を使用する。

(4) **As per** 「に従って」According to より正式 。

(5) **few** a few のつもり。インド英語では a few と few の区別をしないことがある。また、筆記者がドラフトで a few を few と記すこともある。

(6) **strategize** 「戦略を練る」

(7) **concretize** 「具体化する」

(8) **such bold action** such a bold action が普通。(5) を参照。

(9) **visionary, forward-thinking people** 「ビジョンを持ち、先のことを考える人びと」相手に対してこういう賛辞を贈ることはよくある大切な習慣。

(10) **P.A.** Personal Assistant（パーソナルアシスタント）の略。なお、インドでは、P.A. がこういう重要な手紙を書き、送信することはない。これはあくまでも、ボスの口述を書き下したもの。以前は、ちょっとした規模の組織でもボスには P.A. がつき、オフィスに呼ばれてボスの口述筆記をノートし、それを自分の机にもどりタイプしていた。現在では、口述をパソコンで処理

している。また、Venkat はファーストネーム。低い地位の人はファミリーネームを使わない。

和訳

……

本職は本状をもちまして昨日のビジネスミーティングの議事録を送信いたします。また、御社が当社との戦略的アライアンスに同意いただきましたことに感謝を申しあげます。

ビジネスミーティングで決定いたしましたことがらにつきましては、来月か再来月に数回お会いして計画を戦略化し具体化したいと思います。

このようなすばらしい行動をおとりいただきましたことに再度感謝いたします。2月26日火曜日10時30分ころにお電話をさしあげ、次回の会合と他の詳細の打ち合わせをいたしたく存じます。

御社と当社との輝かしい未来に期待しております。

かくも構想力に溢れた前向きの方々と、協働できますことを光栄に存じます。

感謝にたえません。

……

サンプル 8　任用通知状

　新任社員には必ず任用の通知を書状で送ります。たいがいの場合、そこには身分、職階、給与、その他の諸条件をくわしく記載します。本状は期限付きの見習に発信しているものですが、上記の諸条件を確実に記しています。かなり堅苦しい文体を使っていますが、それは会社の権威を告知するためと思われます。なお、給料はたいがい月額で提示されます。

DT[(1)]: 09-01-2018

To,
Mr. Mohan Kumar
4, Aruna Flats
Nirmala Niketan
Bangalore

Sir[(2)],

Sub[(3)]:　Your application for a suitable post

This is with reference to[(4)] the interview and discussions had[(5)] on DT: 04-01-2018 regarding[(6)] your appointment in our company.

The Management is pleased to inform you that you are provisionally[(7)] selected as a Probationary[(8)] Press Operator[(9)]-C grade for a period of One Year with an all-inclusive salary of Rs. 15,000 during Probation. You are entitled for[(10)] leaves and other benefits as applicable from time to time[(11)]．The statutory[(12)] deductions [(13)] like PF [(14)], ESI [(15)], PT [(16)] and others as applicable will be made from your salary. You have to

---

produce the copies along with originals of your testimonials[17] for verification[18] and return. You will have to abide by[19] the terms and conditions for appointment[20] as a Probation. You may visit office within 10 days to complete the formalities[21].

Thanking you,
Yours faithfully

Mr. Girish Anand
Managing Director

27, Ashtek Publishing Pvt. Ltd.
Barakhamba Road
New Delhi -110009

● 語注
(1)　**DT**　「日付」Date の略。
(2)　**Sir**　次に名前がないのは、Mr. Mohan Kumar にあてていることが明白であるから。「拝啓」のよう。
(3)　**Sub**　「件名」Subject の略。
(4)　**with reference to**　「に関することがらです」
(5)　**had**　which was had のつもり。一般英語では have を受身や進行形にしたがらないが、インド英語では可。
(6)　**regarding**　with reference to と同義。This is with reference to から regarding のような順序で使われることが多い。
(7)　**provisionally**　「期限付きで」
(8)　**Probationary**　「見習、試用期間中の」Probation は見習、試用、実習（期間）。
(9)　**Press Operator**　「印刷工」現在はあまりポピュラーではないが、インドの印刷業界では依然として存在する。

(10) entitled for 「資格がある」for はインド英語、普通は to。

(11) applicable from time to time 「時に応じて適用される」

(12) statutory 「法令上の」

(13) deductions 「控除」

(14) PF Provident Fund の略。退職金積立基金のこと。provident は「将来に備えた」の意味。

(15) ESI Employee State Insurance の略。健康保険のこと。

(16) PT Professional Tax の略。職業税のこと。

(17) testimonials 「証明書、宣誓書」

(18) verification 「確認」

(19) abide by 「遵守する」

(20) terms and conditions for appointment 「任用条件」

(21) formalities 「正式の手続き」

和訳

......

件名：あなたの適職応募について

　本状は、あなたの当社における任用について 2018 年 1 月 4 日に行われた面接と話し合いに関するものです。

　当社はあなたが見習印刷工 C グレード（見習期間包括給料 15,000 ルピー）として一年間の期限付きで採用されたことをお知らせします。あなたは休暇や時として適応される他の給与外の福利を受益する権利があります。年金積立、健康保険、職業税、その他の法令上の控除はあなたの給料から天引きされます。確認のため、宣誓書のオリジナルとコピーを用意し、返送してください。見習工としての任用条件を遵守するようお願いします。本状受領後 10 日以内に当社にて正式手続きを完了してください。

　感謝しつつ。

......

サンプル9 採用確認状

サンプル8に次いで、本状は見習から正規の社員として採用することを確認する通知です。職階、給与、その他の雇用条件を明確に記載し、雇用契約書もかねています。給与と諸手当を図示して、転勤の可能性なども示唆しています。最後に、就業規則に従って、真面目に勤務することを期待する旨を述べています。

ORDER OF CONFIRMATION [1]

DT: 01-12-2018

To,
Mr. Mohan Kumar
EMP. No. [2] 3088

The Management is pleased to inform you that your performance during the Probationary period was found to be satisfactory hence [3], you are hereby confirmed in the post of Operator-C, effective from 01-12-2018.

You will be paid the following salary in the confirmed post:

SALARY PARTICULARS	AMOUNT IN Rs.
Basic pay	5,205.00
HRA [4]	3,890.00
Conveyance allowance [5]	3,880.00
Washing allowance [6]	2,025.00
TOTAL	15,000.00

All other terms and conditions which you have [7] agreed, accepted and signed on 09-01-2018 at the time of entering into Probation Operator-C grade stands valid in the confirmed post.

The management of the company has the right at its sole discretion [8] to transfer you to any of its existing branches or departments or from one grade of work to another and you are liable to [9] obey such orders.

You are also liable to be transferred to any of the branches in which the director(s) of the company has/have [10] interest in it and also to such of the branches that may be created in future, anywhere in India.

The Management expects sincere and diligent work from you. You shall strictly abide by the code of conduct [11] and other rules and regulations [12] stipulated [13] in your grade of employment [14] from time to time [15].

Mr. Girish Anand
Managing Director
27, Ashtek Publishing Pvt. Ltd.
Barakhamba Road
New Delhi -110009

● 語注

(1)　**order of confirmation**　「確認通知」orderは通知、指示、命令のこと。 confirmationは採用などの確認のこと。

(2)　**EMP. No.**　「雇用者番号」Employee Number の略。

(3) **hence** 「従って」商業文、法律文、契約書などの定番。ただし、正式には、Hence, you are hereby confirmed in the post of…のように、文頭に使う。インド英語のなかには、このような文体の乱れも時折みられる。

(4) **HRA** 「借家手当」House Rent Allowance の略。

(5) **Conveyance allowance** 「通勤手当」

(6) **Washing allowance** 「洗濯手当」ユニフォーム（作業服）を必要とする職種では、汚れを落とすために、洗濯代が支給される。

(7) **have agreed...** 英米英語ではここは現在完了形ではなく過去形が普通だが、インド英語では過去の合意が現在まで続いているという感覚で現在完了形も使われる。

(8) **has the right at its sole discretion to** 「（当方の）独自の裁量により～する権限を有する」権限を主張する極めて明示的な言い方であることに注意。

(9) **liable to** 「～する義務がある」

(10) **has/have** 前の director(s) の単数形・複数形に呼応する言い方。なお、interest in it の "in it" は不要だが、前にある in which から離れているので出現したと思われる。サンプル 13 にも同様の表現がみられる。

(11) **code of conduct** 「（道徳的・倫理的）行動規範」

(12) **rules and regulations** 就業規則のこと。

(13) **stipulated** 「規定される」

(14) **grade of employment** 「職階、等級」

(15) **from time to time** 「必要に応じて」（as and when required）

和訳

……
　当社はあなたの見習期間のパフォーマンスを満足いくものと判断し、従ってこれをもって 2018 年 12 月 1 日よりオペレーター C グレードの職階に任用します。
　あなたの新職階での給料は以下の通りです。

給料明細	額（ルピー）
基本給	5,205.00

借家手当	3,890.00
通勤手当	3,880.00
洗濯手当	2,025.00
合計	15,000.00

　他の条件については、あなたが2018年1月9日にオペレーターCグレードの見習任用にあたって同意し、受諾し、署名したものが新職階においても適用されます。

　当社はあなたを当社の支店ならびに部局のどこにでも配属させ、あるいはグレードを変更する権限を有し、あなたはその命令に従う義務があります。

　また、あなたは上司が必要と判断する支店のどこにでも、あるいは将来インド内に創設される支店のどこにでも転属させられることがありますが、そのさいにはそれに従う義務があります。

　当社はあなたが誠実に、勤勉に働くことを期待しております。そして、必要に応じて制定される職階上の行動規範と就業規則を順守してください。

……

サンプル10　見習期間付昇格通知状

　インドの企業、工場、政府機関では、雇用にあたって多くの場合、見習期間が設定されます。さらに、昇格にあたっても見習期間を設けるところもあります。期間は普通6か月くらいです。見習期間は民間企業よりも政府機関でより重視されています。一流企業や多国籍企業では見習期間の規定は詳細に明示されていますが、中小企業ではそれほどでもありません。以下では、見習期間で昇格が不適と判断されれば、以前のポストに降格されることが明記されています。

ORDER OF PROBATION

DT: 21-11-2018

To,
Mr. Prabhu Kishore
Emp. Code [1]: 2077

You are working as a confirmed employee in the post of Operator-C grade effective [2] from 01-12-2017. The Management is pleased with your overall performance and desires to promote you in the post of Operator-B grade. To adjudge your suitability in the post, you will be on Probation for a period of 6 months from DT: 01-12-2018 for the post of Operator-B grade.

In case the Management finds that you are not suitable to the post of Operator-B, you will be reverted to your original post. The Management will make a critical observation of your overall performance during the period of Probation. You will be given the Probationary Allowance [3] of Rs. 3,625 during the period of probation along with the wages you are already

---

drawing[4]. Your promotion to the post of Operator-B will be at the sole discretion of the Management[5].

● 語注

(1) **Emp. Code**　「雇用者番号」

(2) **effective**　「発効する」

(3) **Probationary Allowance**　「見習手当」

(4) **drawing**　「受給している」

(5) **at the sole discretion of the Management**　「経営陣の独自の判断による」Operator-B への昇格が決定的でなく、経営陣の評価にかかっていることを明示している。

和訳

……

　あなたは 2017 年 12 月 1 日より当社のオペレーター C グレードの職位で勤務されております。当社はあなたの全般的なパフォーマンスに満足しており、オペレーター B グレードに昇格させたいと望んでいます。あなたの新職位での適正を判断するために、2018 年 12 月 1 日より 6 か月間オペレーター B グレードの見習として勤務してもらいます。

　あなたがオペレーター B グレードの職位に不適と判断すれば、現職に戻します。当社はあなたの見習期間中の全般的なパフォーマンスを観察し、評定します。見習期間中は現在受給している給料に加えて、見習手当として 3,625 ルピーを支払います。あなたのオペレーター B グレードへの昇格は当社の判断によるものとします。

……

サンプル11　採用を正式に伝える手紙

　人事採用にあたっては、正式な採用を書状で伝えます。そこには、職種、職階、勤務時間、俸給、その他の雇用条件が詳細に記載されます。特に、守秘義務は厳格であるため、明確に提示されます。本状では、見習期間が3か月間あり、以後正規雇用になることが示されています。また、雇用契約解約の条件も示されています。

Date: 23.08.2018

Ref No [1]: 2018/20003

Mr. Abhishek Bansal [2]
Indian School of Business and Computing
Kumara Mangalam Road,
Bangalore

Dear Mr. Kanti Bhai,

Letter of Appointment [3]

We are pleased to appoint you as an "Admissions Consultant" [4] with Indian School of Business and Computing (ISBC).

Please find below the terms and conditions of your offer of employment [5], which comes into effect from the date of appointment.

1. You are appointed for the post of an "Admissions Consultant" in Indian School of Business and Computing from the date of joining.

2. You shall be on probation⁽⁶⁾ for the first Three⁽⁷⁾ months and either party may terminate the offer of employment during this period. On successful completion of the probation your appointment shall be confirmed.

3. The employment may be terminated by giving one-month notice or one month salary in lieu of notice [8], after confirmation.

4. You will be paid a consolidated honorarium of IRs.[9] 25, 000/-(IRs. Twenty Five Thousand Only) gross per month.

5. Your place of posting will be in Bangalore, however[10], should a need arise you may be transferred or expected to travel to any of our offices.

6. A detailed description of your duties will be given to you at the time of joining. Any additional work connected with your Assignment[11] will also be your area of responsibility.

7. You will be reporting to Line Manager for all job related[12] responsibilities and for all operational matters to the undersigned[13].

8. You shall be on duty for 6 days - Monday to Saturday from 9.00am - 5.30pm (In addition to the Sunday you are entitled to two additional days of monthly off). This can be availed[14] in consultation with the Line Manager.

9. You will have to maintain strict secrecy with regard to the

work, which may come to your knowledge during your service or any other matter connected with Indian School of Business and Computing. This confidentiality must be maintained even after cessation of employment with us.

10. Your services are liable for termination[15] in case of misconduct, negligence, inefficiency, etc.

11. You shall not, unless specifically authorized, communicate directly or indirectly to any dealer or outside party, including the press, part with[16] any documents or information in the course of your official duties. This clause will apply even after cessation of employment with us.

Please sign the enclosed letter to confirm your acceptance and return at the earliest.

Yours faithfully,

Mr. Abhishek Bansal

● 語注
(1) **Ref No** 「文書番号」Reference Number の略。
(2) **Mr.** 差出人が自分のことを Mr. とするのは通例。
(3) **Letter of Appointment** 「採用通知」
(4) **Admissions Consultant** 「入学コンサルタント」入学に関するもろもろの業務の担当者。コンサルタントは聞こえがよい。
(5) **your offer of employment** 「あなたへの雇用提供」
(6) **on probation** 「見習採用である」

(7) **Three**　注意を引くために大文字にしてある。

(8) **one month salary in lieu of notice**　「通知の代わりに１か月分の俸給」
in lieu of = instead of。つまり、雇用確認後、以下の方法で雇用を解消することができる。１. どちらか一方が１か月前に文書でその通告をする、２. 文書通告の代わりに口頭でその旨を告げ１か月分の俸給を支給し、その時点で雇用終結とする。

(9) **IRs**　Indian Rupees の略。

(10) **...Bangalore, however, ...**　...Bangalore. However, ... にしたほうがわかりやすいと思われるが、こういう使い方は通例になっている。

(11) **Assignment**　「職責」

(12) **job related**　「仕事に関連した」

(13) **the undersigned**　「下記で署名した人」

(14) **availed**　「利用できる」

(15) **liable for termination**　「雇用終結に処せられる」

(16) **part with**　「持ち出す」

和訳

......

採用通知

インドビジネスコンピューター学院 (ISBC) はあなたを「入学コンサルタント」として採用することをお知らせします。

あなたに対する雇用提供の条件は以下で、任用の日から有効になります。

1. あなたはインドビジネスコンピューター学院の「入学コンサルタント」として勤務開始の日付をもって任じられる。

2. 最初の３か月は見習期間とし、この間に一方により雇用を終結できるものとする。見習期間の終了にあたって、本採用とする。

3. 雇用確認後、雇用の終結は１か月の猶予をもって通知するか、通知の代わりに１か月分の俸給を支払うことで可とする。

4. 月給はすべてを含み控除前の 25,000 ルピーとする。

5. 勤務地はバンガロールにするが、必要により当校の他の分校に転勤もしくは出張するも可とする。

6. 勤務の詳細は勤務開始時に明示する。勤務に関連する追加業務は担当責任範囲とする。

7. 担当責任業務については部署責任者の指示に従い、全般的な業務については下記署名人の指示に従うものとする。

8. 勤務日、時間は月曜日から土曜日までの6日間、午前9時から午後5時30分までとする。(日曜日に加えて、毎月2日の休日が与えられる。)これは部署責任者と相談の上、利用できる。

9. インドビジネスコンピューター学院に勤務中に知り得た業務と他の事柄に関しては極秘事項とする。この守秘義務は雇用終結後も存続するものとする。

10. 違法行為、怠慢、無能等があれば、解雇の対象となる。

11. 特別に許可された場合を除き、マスコミを含むいかなる業者および外部組織と直接的間接的に通じてはならない。また業務に関わる文書や情報を校内から持ち出してはならない。この条項は勤務終了後も適応するものとする。

以上に同意するならば、同封書類に署名し、速やかに返送してください。
……

サンプル12 就業承諾書

就業承諾書は、社員にとって入社の最初の文書という意味できわめて重要です。当人は就業にあたって提示された雇用条件を承諾し、そのことが記録されるため、公的かつ法的な文書にもなります。ここでは、就業承諾を保証人とともに宣言する例をあげていますが、きわめて標準的なパターンといえます。

Date:
Ref. No.

To:
Mr. Abhishek Bansal,
Indian School of Business and Computing,
Kumara Mangalam Road,
Bangalore

Dear Sir,

I, _____, acknowledge that I have received a copy of this letter detailing[1] the terms of my employment, which takes effect from _____.

I confirm my acceptance of these terms, which constitute[2] my contract of employment with Indian School of Business and Computing.

I shall commence employment with effect from _____.

Signature of employee: _____ Date:_____
Name: _____

Witness [3] Signature: _____ Date:_____

Witness Name: _____

● 語注
(1) **detailing** 「詳細を記した」
(2) **constitute** 「構成する」
(3) **witness** 「保証人」

和訳

......

　私、_____、は、当方の雇用（ ___年 ___月 ___日発効）の条件を明記した本状のコピーを受領したことを、ここにお知らせいたします。私はこれらの条件を承諾し、これがインドビジネスコンピューター学院との雇用契約になることを確認します。私は___年 ___月 ___日より就業いたします。

　雇用者署名 _____ 日付 _____
　氏名 _____

　保証人署名 _____ 日付 _____
　保証人氏名 _____
......

会社としても社員としても、任用人事は重要です。インドでは、訓練実習生にも
そのような書状を出しています。本状でもわかるように、かなり入り組んだ雇用
条項を記載しています。当人にとっては重要な書類であり、身が引き締まるもの
かもしれません。同時に、インドビジネスでは、文書がいかに重要であるかがわか
ります。

DT: 02-04-2018

ORDER OF APPOINTMENT OF TRAINING [1]

Mr. Kunal Ketan

1. After considering your application and subsequent interview, the management is pleased to appoint you as Trainee in the Press Shop [2] for an initial period of ONE YEAR from the date of joining, subject to [3] the terms and conditions, which you have AGREED, ACCEPTED and SIGNED on 20-03-2018 to abide [4] fully during the course of training period.

2. Your Training period may be further extended for a further period of maximum six months in a span of three months at a time, after completion of one year, at the discretion of [5] the management depending on [6] your overall performance.

3. You may be terminated during the training period or during the extended period of training or at the end of the training period, at the sole discretion of the management

---

without assigning any reasons whatsoever [7] and without paying any compensation whatsoever [8].

4. The termination of your training in the company and relieving [9] you during the period of training or during the extended period of training or at the end of the training period for whatsoever reasons shall be within the domain of the management under the Industrial Disputes Act 1947 [10] and shall not amount to [11] downsizing of workforce or reduction in expenditure [12].

5. After successful completion of training, depending up on [13] your overall performance and suitability to the post, if the Company requires filling [14] in the concerned permanent post, you shall be on probation for a minimum period of six months, subject to other terms and conditions of appointment.

6. You shall be paid a stipend [15] amount of **Rs.4500/-** together with Training allowance [16] of **Rs.2025/-**, Conveyance [17] of **Rs.1750/-** and Washing allowance of **Rs.1250/-** during the period of training, subject to statutory deductions [18].

7. Apart from [19] stipend amount and other allowances as stipulated [20] above, you are not entitled to any other benefit [21] either in cash or kind [22] during the period of training, subject to such other fringe benefits [23] as the Management may deem [24] fit and as per the rules in force [25].

8. You shall strictly abide by the rules and regulations of the Company made from time to time and obey all reasonable orders of superiors [26].

9. You are liable to [27] be transferred from one section to the other or from one department to the other or to any branch of the company in which Director(s) has/have interest in it whether such branch is functioning now or that may be established in future, whether in Karnataka State or any place in India.

10. You shall report for training [28] within 10 days from the date of this order. You shall submit a joining report [29] written by your hand on the day you join duty [30].

11. The Management expects good behavior and learn various tasks taught to you [31] in the press shop during the course of your Training.

● 語注

(1) **Order of Appointment of Training** 「実習任用書」

(2) **Press Shop** 「印刷工場」インドでは印刷業は依然としてビッグビジネスである。本文章はインドの印刷業界で広く使われているものと思われる。

(3) **subject to** 「～に従って」

(4) **abide** 「遵守する」abide by が普通だが、インド英語では他動詞はおうおうにして自動詞で使われる。

(5) **at the discretion of** 「～の慎重な判断のもとで」

(6) **depending on** 「～次第で」

(7) **without assigning any reasons whatsoever** 「理由を一切明かすことなく」

(8) without paying any compensation whatsoever 「賠償金（補償金）を一切支払うことなく」

(9) relieving 「解職すること」

(10) Industrial Disputes Act 1947 「1947年の産業紛争法」インドの労働規制法。現在でも全インドで効力をもち、企業はこれを遵守するものとされている。

(11) shall not amount to 「～とみなされない」

(12) reduction in expenditure 「経費削減」

(13) depending up on upon の書き違い。インド人はこのようなケアレスミスをあまり気にしない。

(14) filling 「補充」

(15) stipend 「手当、給料」

(16) Training allowance 「実習手当」

(17) Conveyance 「交通手当」Conveyance allowance の省略された表現。

(18) subject to statutory deductions 「法令に定められた控除を条件として」

(19) Apart from 「～とは別に」

(20) stipulated 「規定された」

(21) benefit 「給付」

(22) kind 「他の方法」

(23) fringe benefits 「給与外手当」なお、ここにある subject to は not applying to（…に適用されない）のつもり。この使い方はインド英語でも正用法ではないが、法的権威をよそおうために使われたと思われる。それでも、たいがいのインド人はなんとか意味をくみとっている。

(24) deem 「～とみなす」

(25) rules in force 「施行中の規則」

(26) all reasonable orders of superiors 「上司の合理的な指示」

(27) liable to 「～する法的責任がある」

(28) report for training 「実習のために出社する」

(29) submit a joining report 「服務報告書を提出する」

(30) join duty 「任務に就く、着任する」

(31) **The Management expects good behavior and learn various tasks taught to you.** この文章には乱れがみられる。learn の主語がないのがその典型。The management expects good behavior from you and demands you learn various tasks taught you.（本社はあなたが行動規範を守り、教えられたさまざまな課題を学習することを求めます）のようなつもりと思われる。このままでも理解されるので、かまわないのだろう。

[和訳]

実習任用書

クナル・ケタン殿

1. あなたの出願書とその後の面接の結果を考慮して、当社はあなたを印刷工場の実習生として任用します。初期の任用期間は雇用条件に従って任用日より 1 年間とします。あなたはこれらの雇用条件に同意し、それを受諾し、それに 2018 年 3 月 20 日に署名し、実習期間中完全に遵守することとしています。

2. あなたの実習期間は 1 年間経過後に、あなたの全体的なパフォーマンス次第で当社の判断により、3 か月のスパンで最長 6 か月まで延長されることがあります。

3. あなたは実習期間中、延長実習期間中、あるいは実習期間終了時に、当社の判断で解雇されることがあります。その際には、理由を申し述べることも、賠償金を支払うこともありません。

4. あなたの実習期間中、延長実習期間中、あるいは実習期間終了時に、あなたの当社における実習を終了し、あなたを解雇することは 1947 年の産業紛争法に基づき当社の権限内のことであり、労働力の縮小もしくは経費削減を理由にすることにはなりません。

5. 実習の無事終了後、あなたの全体的なパフォーマンスや適性により、当社が当該職位の補充を必要とする際には、最短 6 か月の見習をすることができます。その際には別の任用条件に従うものとします。

6. あなたには実習期間中に給与 4500 ルピーと、実習手当 2025 ルピー、交通手当 1750 ルピー、洗濯手当 1250 ルピーが支払われます。法令に定められた控除額はここから差し引かれます。

7. あなたは実習期間中に、上記に示した給料ならびに諸手当以外に、現金もしくは

別の形で他の給付を受けることはありません。当社が適切とみなし、現行の規則に基づく給与外給付についても同様です。

8. あなたは当社の必要に応じて制定される諸規則を遵守し、上司の適切な指示に従うものとします。

9. あなたは所属長の判断に従い課間、部間、ならびに支社間の移動を受け入れるものとします。このことは現存の支社か、将来開設される支社か、またカルナタカ州にあるものかインド国内のどこにあるかを問いません。

10. あなたは任用の日付から10日以内に実習生として出社しなければなりません。着任の日には、自筆による服務報告書を提出しなければなりません。

11. 当社はあなたが印刷工場で実習期間中に行動規範を遵守し、教えられたさまざまな課題を学習することを期待しております。

実習生としての就業にあたってその条件を承認
することの宣言・確約書

　実習生として就業を承認する本人からの会社あての書状です。これは当人の考査情報として記録されます。ここでも保証人をたてており、その重要性がわかります。また、これは本人の就業宣言のみで、給料やその他の雇用条件は別紙であつかわれています。就業宣言の骨子がわかります。

DECLARATION[1] AND AFFIRMATION[2] BY THE APPLICANT

To: Manager, Recruitment [3]
ABB Engineers
Tower 5, Mahadev Road
Navi Mumbai

SIR,

SUBJECT: ACCEPTANCE OF TERMS AND CONDITIONS FOR APPOINTMENT AS A TRAINEE

I, Mr. Kunal Ketan, Son of Shri [4] Ketan Khanna, applicant for the post of TRAINEE in the Press Shop, have read the terms and conditions of appointment as a trainee. I have read, clarified doubts and clearly understood all the terms and conditions and hereby agree and accept to abide all the terms and conditions of appointment as described from I to XI in the letter of terms and conditions dated 02-04-2018 issued to me.

DATE: 05-04-2018

NAME: Mr. Kunal Ketan

WITNESS:

1. Mrs. Kiran Thomas   2. Mr. Avdhesh Kaushal

● 語注

(1)　DECLARATION　「宣言」

(2)　AFFIRMATION　「確認」

(3)　Manager, Recruitment　「採用担当マネージャー」

(4)　Shri　「シュリ（様）」Sri もある。インドの敬称。人や神につける。父親を敬う証し。インド人の名前はおもしろい。Kunal Ketan では、Kunal は名、Ketan は姓。Ketan は父の名なので、これを姓に使っている。父のほうは、Ketan Khanna で、Ketan が 名、Khanna が 姓。Kunal は い つ か、Kunal Ketan Khanna と名乗るようになるかもしれない。Ketan をミドルネームに使い、父の姓を継ぐ。州によっては、村の名＋自分の名＋姓とすることもある。Adla Satyanarayan Rao では、Adla（村名）＋ Satyanarayan（自分の名）＋ Rao（姓）。

和訳

件名：実習生として任用規則を受諾する表明書
　私、クナル・ケタン、シュリ・ケタン・カンナの息子、印刷工場の実習生志願者は、実習生としての任用規則を読みました。私は任用規則を読み、疑問点を晴らし、そのすべてを明確に理解し、これをもって、2018 年 4 月 2 日に手渡された任用規則の書状にある第 1 項から第 11 項に記された任用規則に従うことに合意・受諾します。

インドではインターンシップはきわめて重要な習慣になっています。企業にとっては、インターンシップを提供していることは、その名声を高めることになり、常に自社のインターンシップ・プログラムのカイゼンを検討しています。学生にとっては、最初の就業経験となり、求職活動で提出する履歴書に大きな位置をしめることになります。学生は一流企業からのインターンシップ・オファー・レターを大切にします。

31st January, 2018
Mr. Bijoy Chaudhary
29, Sunshine Enclave
New Delhi 10023

INTERNSHIP OFFER LETTER

Dear Mr. Bijoy Chaudhary,

Grover Institute of Technology[1] is pleased to offer you an educational internship opportunity as a "Counselor-Admissions[2]" intern. You will report directly to Line Manager Mr. Girish Lamba. This position is located in Bangalore / Karnataka[3].

As you will be paid a consolidated wage[4] Rs.15000/-(Rs. Fifteen Thousand Only)[5] additionally[6] students do not receive benefits as part of their internship program.

Your schedule will be approximately 24 hours per week beginning 24.02.2018 and your assignment will conclude on 23.06.2018.

Please review, sign and return to confirm acceptance[7].

Congratulations and welcome to the team[8]!

Yours Faithfully,

Mr. Ajith Kumar
Director-Administration
Grover Institute of Technology

● 語注

(1)　**Grover Institute of Technology**　「グローバー工業学院」架空の名称。インドの Institute とか Academy では、海外（欧米）の大学の出先機関となり、学位を出すところもある。

(2)　**Counselor-Admissions**　「入学相談係り」具体的には、入学希望学生や応募学生に志望学科の適正検査をしたり、志望学科に適していない場合には他の学科を紹介したりする。Admissions Consultant と同じ。

(3)　**Karnataka**　「カルナタカ州」アラビア海に面した州。バンガロールはその州都。

(4)　**consolidated wage**　「合計給与」

(5)　**Rs. Fifteen Thousand Only**　「1万5千ルピー也」

(6)　**additionally... not**　「さらに〜することはない」

(7)　**Please review, sign, and return to confirm acceptance.**　「本状を確認し、署名し、返送することによって受諾とみなします」極めて簡明な言い方。

(8)　**Congratulations and welcome to the team!**　「就任を祝福するとともに、喜んでチームに迎えます」温かいことばになっている。

……

　グローバー工業学院はあなたに「入学相談係り」として教育インターンシップの機会を提供いたします。部門長のギリシ・ランバ氏に着任のあいさつをしてください。任地はバンガロール（カルナタカ州）です。

　あなたには合計15000ルピーの給料が支払われます。学生はインターンシップ・プログラムでは他の手当はありません。あなたの勤務は週約24時間とし、2018年2月24日開始、2018年6月24日終了とします。

　本状を確認し、署名し、返送することで受諾とみなします。

　就任を祝福するとともに、喜んでチームにお迎えします。

……

サンプル 16　取引銀行に住所変更を知らせる書状

インドの銀行利用の習慣では、預金者は職業上の所属と自宅の住所を取引銀行に知らせることになっています。顧客が銀行に対して自分の信頼性を証明する意味があります。以下のサンプルでは、これに加えて、住宅賃貸契約書や電気料金支払書、そしてマイナンバーのような情報までも知らせていることがわかります。

Date: 01-10-2018
To,
The Manager
Karnataka Bank
Bangalore-37

Sub: Change of Address
Ref A/C No.[1]-3486000

This is to bring to your kind notice[2] that I Mr. Anil Kaul is[3] employed with[4] Anand Group, Automotive Components Manufacturer India Pvt. Ltd. as an "Engineer" from 1st July 2013 to till date[5]. I am presently residing at the address given below: Please place change of address in your record and do the needful[6].
Name: Mr. Anil Kaul
Flat no. 2/90
Ganga Apartments
Bangalore-38

For your record information, I have attached following documents.
1. Rental Agreement[7]
2. Electricity Bill[8]

---

3. PAN[9] Card

This letter is provided on request for personal use[10].

Thanks & Regards,

Mr. Anil Kaul

Engineer

Anand Group, Automotive Components Manufacturer India Pvt. Ltd.

Bangalore-38

● 語注

(1) **A/C No.** Account Number (口座番号) の略。

(2) **bring to your kind notice** 「お知らせします」kind notice はお知らせ。

(3) **I Mr. Anil Kaul is** is とあるのは近接の Mr. Anil Kaul を受けてのこと。 I, Mr. Anil Kaul, と2つのコンマを入れておけば、am としたかもしれない。

(4) **employed with** 「勤めている」前置詞は by、at、in とともに、with も使われる。with は個人 (従業員)、by は会社の観点が強調される。

(5) **to till date** 「今日まで」to か till の一方で十分だが、慣用句として一緒に使われている。

(6) **do the needful** 「必要な措置をとる」インド英語独特の言い方。

(7) **Rental Agreement** 「借家契約」

(8) **Electricity Bill** 「電気料金支払書」

(9) **PAN** Permanent Account Number (終身アカウント番号) の略。所得税庁の発行する10桁の納税者番号で、インドの成人すべてが所有する。日本のマイナンバーのようなもの。

(10) **This letter is provided on request for personal use.** 「個人のために使用されるという依頼を受けて提供するものです」個人情報保護を前提とする文章。

和訳

......

　本状は私アニル・カウルがアナンドグループのインド自動推進部品製造会社に「技師」として2013年7月1日から本日まで勤務していることをお知らせするものです。私は現在、下記の住所に住んでいます。貴行の記録にこの住所変更を留め、必要な措置をとってくださるようお願いいたします。

　…..

　念のため、以下の文書を添付します。

1.　借家契約
2.　電気料金支払書
3.　終身アカウント番号

　本状は個人のために使用されるという依頼を受けて提供されるものです。
......

サンプル 17　雇用証明書

　インドの銀行では、顧客の雇用地位等の情報を求めるので、顧客は所属する企業・組織等に対して、求められる情報を提供するように依頼します。これはそのような依頼に基づいて提供された雇用証明書の一例です。雇用主は、企業名と住所ならびに雇用者の職階と個人住所情報を提供しています。

Date: 26-9-2018

To,
The Manager
State Bank of India
Bangalore-37

TO WHOM SO EVER IT MAY CONCERN [1]

This is to certify that Mr. Neelkanth Sarma is employed with Bangalore Institute of Legal Studies [2] as "Counselor Admissions" from 23rd Oct 2013 to till date.

He is presently residing at the address given below:
Name: Mr. Neelkanth Sarma

Address: Flat No. 38, 3rd Floor,
Chandrika Apartments
Bangalore-39

This letter is provided on request for personal use.

Thanks & Regards,
Mr. Joe Thomas

Director, Administration
Bangalore Institute of Legal Studies
Rajshri Road
Bangalore

● 語注

(1)　**TO WHOM SO EVER IT MAY CONCERN**　「御係り様」
whomsoever もある。To Whom It May Concern で十分であるが、こ
こでは古式を強調している。インド人が好む、荘厳な響き。

(2)　**Bangalore Institute of Legal Studies**　「バンガロール法務学院」
Institute（学院）は大学と関係するところもある。

和訳

　　……
　　本状はニールカンス・サルマ氏がバンガロール法務学院で「入学カウンセラー」
として、2013 年 10 月 23 日より現在まで勤務していることを証明するものです。
　　同氏の現在の住所は以下です。
　　……

　　本状は個人のために使用されるという依頼を受けて提供するものです。
　　……

サンプル 18　代理店（人）を証明する書状

　会社が代理店（人）にその業務の代行を許可したことを証明する書状で、きわめて重要です。代行を許可する業務は必ず明記されます。一回限りのものもあれば、複数回の場合もあります。たいがいは期間が明記されますが、本状には期間が明記されていません。現在でも、このような書状は利用されています。

12th July, 2018
Rajkumar & Sons
124, 5th Cross
Margosa Avenue
Jayanagar
Bangalore – 560 013

To Whomsoever It May Concern

This is to authorize[1] Mr. B Jacobs (Sales Manager, Rajkumar & Sons, Bangalore), bearer of this letter[2], to collect payments[3], book orders[4] and make commitments[5] on our behalf[6].

for Rajkumar & Sons
Mr. B Rajkumar
(Partner)[7]

● 語注

(1)　**authorize**　「権限を与える」
(2)　**bearer of this letter**　「本状の持参者」
(3)　**collect payments**　「支払金を受け取る」
(4)　**book orders**　「受注する」
(5)　**make commitments**　「契約する」
(6)　**on our behalf**　「当社に代わって」

● 138

（7）　Partner　「共同経営者」

和訳

......

　本状は本状の持参者であるＢ・ジェイコブス氏（バンガロール市ラージクマール
＆サンズ所属セールスマネージャー）が当社を代表し支払金を受け取り、注文を取
り、契約する権限を有することを証明するものです。

......

サンプル 19　社員を賞賛する書状

　企業内では、経営陣が社員の業績を賞賛し、それを書状にしたため授与することはきわめて重要です。いうまでもなく、幹部が部下の仕事ぶりを評価していることを示すことは、社員のやる気を引き出す働きをするからです。通常、長年の勤務のなかで与えられ、以下のような短い文章で表されます。

From:

Ashok Business Center Pvt. Ltd.

Level 3, Building 5, Select City Mall,

Greater Kailash

New Delhi 110048

Date: 12th January, 2018

To:

Mr. Ashok Vasudeva

Sales Department

ABC [1] Pvt. Ltd.

Dear Mr. Vasudeva,

Your enthusiasm and your ability to motivate your employees has resulted in a significant increase in productivity and profitability.

If we had an award to give, you would be the prime candidate [2].

Please accept my sincerest appreciation for the fine job you are doing in our sales department.

Thanking You

Yours truly

Mr. Deshraj Goyal
Business Partner [3]

● 語注

(1) **ABC** Ashok Business Center の略。インド英語は省略が好き。

(2) **If we had an award to give, you would be the prime candidate.**
「報奨制度があればあなたは最初に表彰されるべき人であります」そういう制度がなくても、このように褒めることができる。

(3) **Business Partner** 会社によっていろいろだが、たいがいは「共同経営者」と同じ。

和訳

……

あなたの熱意と能力により、従業員の生産性と収益は顕著に増大しました。

当社に報奨制度があれば、あなたは主要な候補者になっています。

あなたが当社の販売部で見事なパフォーマンスをあげておられることに、心から感謝の意を表します。

感謝しつつ。

……

昇給通知書（1）

インド企業では、社員の昇給は個人的に公式の昇給通知書で示されます。以下のサンプルは、小規模の会社でも用いられる単純な方式ですが、スタンダードな定期昇給の通知書です。明細を表示し、税金等の天引きについても通知しています。この昇給額が従来の月給に追加されます。

ORDER OF INCREMENT [1]

DT: 01-02-2018

To,
Mr. Sawan Bhadola
Emp. No. 1009

The Management is pleased to inform you that, you have been awarded annual increment in your salary effective from DT: 01-03-2018. Your new increment particulars [2] are as follows:

No.	Particulars of Salary	Amount (Rs)
1	Basic	2960.00
2	HRA	740.00
3	Conveyance	444.00
4	Washing Allowance	296.00
Total Increment =		4440.00

The statutory deductions [3] will be made from your above increment.

Mr. Ram Murthi
Managing Director
Arvind Textiles
Pinjore
Haryana

● 語注

(1) INCREMENT 「昇給」この通知も ORDER であることに注意。こういう命令書ならいつでもいただきたいだろう。

(2) particulars 「明細」

(3) The statutory deductions 「法令で定められた控除（額）」

和訳

......

　当社はあなたが 2018 年 3 月 1 日より通年で昇給が認められたことを、ここに通知いたします。あなたの昇給の明細は以下です。

No.	昇給の明細	額（ルピー）
1	基本給	2960.00
2	借家手当	740.00
3	通勤手当	444.00
4	洗濯手当	296.00
昇給合計 ＝		4440.00

　法令で定められた控除は上記昇給額より天引きされます。

......

昇給通知書（2）

昇給通知書（1）よりも形式張っており、規模の大きい会社で用いられるサンプルです。前年度の功績を評価し、給与を見直したことを述べています。最後に、以後も精進されることへの期待を付け加えています。

Salary Increment

Date: 20.09.2018

Dear Mr. Amol Gupte,

In recognition of your performance and contribution to the organization during the period 2017-2018, your monthly CTC[1] is being revised to Rs. 30,790/-(Rs. Thirty Thousand Seven Hundred Ninety).

Your revised Compensation and Benefits Structure[2] is given below for your reference with effect from 01.10.2018.

COMPENSATION AND BENEFITS STRUCTURE

Components	Compensation per Month	Compensation per Annum
Basic + VDA[3]	7,500.00	90,000.00
HRA	3,750.00	45,000.00
Conveyance Allowance	800.00	9,600.00
Medical Allowance	1,250.00	15,000.00
Special Allowances	1,705.00	20,460.00
Gross salary	15,005.00	180,060.00

Company Contribution to PF [4]	780.00	9,360.00
Total CTC	30,790.00	369,480.00

Kindly sign and return the duplicate of this letter as a token [5] of your acceptance.

Do keep up your good performance [6].

Yours faithfully,

Rakesh Singh
Director – Administration
Ajanta Enterprises
1/76, New Mansion Road
Lucknow

● 語注

(1) **CTC**　Cost to Company（企業負担額）の略。企業が各従業員に支払う総額。ここから退職積立金、所得税、職業税等が差し引かれる。

(2) **Compensation and Benefits Structure**　「給与ならびに諸手当表」

(3) **VDA**　Variable Dearness Allowance（変動価格手当）の略。物価上昇に合わせて支払われる。

(4) **Company Contribution to PF**　「退職金積立基金企業負担」

(5) **token**　「しるし」

(6) **Do keep up your good performance.**　「今後とも仕事に邁進されんことを期待しています」

......

　2017年—2018年度におけるあなたのパフォーマンスと当社に対する貢献に鑑み、あなたの月額支給額は30,790ルピーに引き上げられます。

　あなたの給与ならびに諸手当表は以下で、2018年10月1日より有効です。

給与ならびに諸手当表

明細	月額	年額
基本給 + 変動価格手当	7,500.00	90,000.00
借家手当	3,750.00	45,000.00
通勤手当	800.00	9,600.00
医療手当	1,250.00	15,000.00
特別手当	1,705.00	20,460.00
給与（グロス）	15,005.00	180,060.00
退職金基金企業負担	780.00	9,360.00
支給総額	30,790.00	369,480.00

　あなたの受諾の印として、本状のコピーに署名し返送してください。

　今後とも仕事に精進されますことを期待しております。

......

サンプル22 産休に関する当社の方針

最後に、産休に関する社内回覧文書の一部を紹介します。この会社では、産休は勤続180日が条件で、医師の証明が必要であること、産休中の給料、妊娠による病気、流産や中絶、出産時後の母子の健康状態などについて、簡明な記載があります。女性の機会平等があたりまえになった昨今、このような情報は日本企業がインドで活躍するのに役立つことでしょう。

On the Company Policy on the Matter of Maternity Leave

Any female candidate who has served minimum of 180 days in the organization is eligible for maternity leave.

A maternity leave can be availed[1] by a female candidate on submission of medical certificate stating the expected date of delivery[2]. As per[3] the rule, a 26 weeks (6 months) paid leave is granted[4] to female candidate out of which minimum of 13 weeks is to be taken post delivery. The remaining 13 weeks can be adjusted pre/post delivery as per the candidate's convenience.

The payment of salary during maternity leave will include average of Basic and Dearness Allowance and HRA which was paid in the last three months. Bonus, PF, Gratuity[5] and any other allowances are not accounted.

Employer cannot terminate the employee on grounds of her maternity leave.

If the female becomes unwell due to her pregnancy, she is given 1 month's extended paid leave. Proof of illness (medical

---

certificate) however is to be submitted.

If the female has miscarriage[6] or undergoes abortion[7], she is entitled to at least 6 weeks of paid leaves from the date.

If during delivery,
- The mother and the child dies: The company will pay the salary only till the day on which candidate dies.
- Mother dies after giving birth to the child: The company will have to pay the maternity salary to the family till 6 weeks.

● 語注

(1) avail 「利用する」
(2) delivery 「出産」
(3) As per 「〜に従って」
(4) grant 「与える」
(5) Gratuity 「心づけ」扶助金。退職時に渡されることが多い。
(6) miscarriage 「流産」
(7) abortion 「中絶」

和訳

出産休暇に関する会社の方針について

　当社に最低 180 日間勤務する女性該当者は出産休暇を取る資格があります。

　出産休暇取得を希望する女性該当者は出産予定日を示す医師の証明書を提出してください。規則に従い、該当者には 26 週分（6 か月分）の有給休暇が与えられます。そのうち、最低 13 週間分は出産後に取るものとします。残りの 13 週間分は該当者の都合により、出産前後の調整ができます。

　出産休暇中の給与の支払いは過去3か月分の基本給、変動価格手当ならびに借家手当の平均額です。ボーナス、年金準備基金、扶助金、その他の手当は含まれません。

　雇用主は出産休暇を理由に雇用者を解雇することはできません。

　該当者は妊娠が原因でからだに変調をきたした場合、1か月の有給休暇の延長が得られます。その際には、病気を証明する文書（医師の診断書）を提出してください。

　該当者が流産や中絶を被るときには、その日より最低6週間の有給休暇を取ることができます。

　分娩中に、
・母子が共に死亡した場合：当社は該当者死亡の日を含む期間までの給与を支払います。
・母が子どもの出産後に死亡した場合：当社は6週間分までの妊産婦給与を当該者家族に支払います。

「No プロブレム、But, Yes. プロブレム」　　　　松井愛美

インド、Nasik と Bangalore で日本語教師の2年間をすごした。

Nasik では大学の教室を使ってのカルチャースクールで、学生の年齢はさまざまだった。半年間で日本語能力試験の4級合格を目指した。半年間で費用は Rs.1500（都市の日本語学校での一か月分位）。学生は休まず来たが、家ではほとんど勉強していない様子。教室でできなくても悪びれず「No プロブレム」だが、ゲーム的な授業をやると、とても勝負にこだわる。昼間、学生たちは仕事や学校だから、授業は「楽しく」をモットーにした。毎時間、その日教える単語や用法が入った日本の歌を紹介した。歌詞は大書きにして持参。学生にオンチが多い。学校では音楽の授業がなく、インドの音階は「サ・リ・ガ・ナ・パ・ダ・ニ・サ」で、短調だ。でも、「No プロブレム」。学生は喜んだ。学生の一人は就職の面接試験で、日本の歌を歌ってきたとの報告。彼がクラス一のオンチなのに。

笑顔と化粧を忘れずに、毎日サリーやパンジャビをチャラチャラと着て出勤すると、学生達はこのお姿に、「きれい、かわいい」と必ずいう。これも、「No プロブレム」。婚約式が済むまでデート禁止のお国柄故、男子学生の夜は、男性同士で喫茶店に行くか、トランプをするか、勉強するかだ。日本のようなデートの約束がない男子学生は、私をバイクにのせて送ってくれるし、外食にも喜んでつきあってくれた。でも、日本語能力テストは全員アウト。「Yes. プロブレム」。

これとは逆の Bangalore、日本企業の日本語教室は学生10名。会社から給料が出て、朝から晩まで日本語の特訓の3か月。ミニテストの成績は会社内の掲示板に張り出され、皆、必死に勉強、勉強、勉強のみ！　少しでも授業を楽しくとゲームをすると、やはりインド人、勝負にこだわり「ずる」までやる。それを「チクリ」に来る学生もいて、大笑い。

3か月後、仕事で東京の本社に行く者もいるので、会話も重視した。自分たちで実際の場面を想定し、それを劇で表現。最終日、その劇を職場の先輩、会社役員の前で発表した。皆、堂々と役をこなし、社長からお褒めの言葉をいただけた。実力以上に自己主張するし、明るい学生たち。

書くことは苦手だが、会話は Good。中国の日本語能力試験1級合格の学生よりずっと会話力はある。が、その年の日本語能力試験3級合格は数名。「Yes. プロブレム」でありました。

コラム執筆者紹介
松井愛美：日本語教師ならびに日本ソフトテニス連盟の海外普及活動の一環としてインドに滞在。ホームステイで家庭の姿を知る。

第3部

インド英語に耳を澄ます
～リスニング・コンプリヘンション・プラクティス～

インド人の英語は実に多様です。話し手の出身地や母語、それに教育経験や海外経験などによって、かなりの違いがあります。それでも、興味深いことに、たいがいのインド人はそれらを超えてわかり合っています。彼らはたぶん、それぞれの特徴（くせ）を認め合い、英語の上手・下手、きれい・きたない、標準・非標準といった概念にとらわれるのではなく、内容の理解を重視しているのでしょう。

　もちろん、高等教育を受けた人とか、英語教育の専門家はより高い水準を設定しているようで、それはそれでもっともなことです。ただし、英語は現在、アジア諸国で、いや世界各地で大衆言語になっており、特にインドではこの傾向は強まっています。つまり、だれもが話すことばですから、個人差は大きく、まさに多様になるわけです。これを玉石混交と呼んで、良し悪しを区別しようとするよりも、メッセージを伝え合うことを主眼とすべきではないでしょうか。

　ここで、実際にインド英語を聞いてみましょう(注1)。これらの英語を聞きながら、2種類の課題をやってみましょう。内容理解の問題は話の要点を、空所補充の問題は英文のとらえどころを問います。ともに、聞き取りの練習には有効です。聞きながら、頭の中で英語を反芻するとよいでしょう。インド英語の特徴が意識できます。インド英語に慣れるのには、こういった練習は欠かせません。

　課題のあとには、聞き取りで注意すべき要点をいくつかあげておきます。これらをヒントに何回も何回も聞いてください。また、語注と和訳も加えます。語注のなかには、第1部で述べたことがらがたくさん含まれています。そして、空所補充の解答を参照すると、本文の全文がわかるようになっています。本書のすべてを大いに活用してください。さあ、やってみましょう。

第10章　まずは聞いてみましょう

1. インドの言語、文化、宗教の多様性：マシュー・バルギーズさんの語り

　インド人男性の英語です。教養あるインド人英語の典型といえます。インドの挨拶ことば、英語の役割と地位、多彩な宗教、言語的文化的特徴と多様性などがわかります。短い語りですが、やさしく述べられています。インド英語入門としても、インド社会入門としてもぴったりです。まずゆっくりと聞いてみましょう。初めて聞く人はとまどいを感じることもあるかもしれませんが、慣れればなんのことはないのです。

■ 次の英語を聞き、以下の問いに答えなさい。

1.　ナマステの意味はなんですか

　　(1) インド諸語によって意味が違う

　　(2) あなたに敬意をもって挨拶の意を表します

　　(3) さようなら

2.　ナマステの意味はインド諸語によって同じですか、違いますか

　　(1) 少し違う

　　(2) 大いに違う

　　(3) 同じ

3.　ケララ州はインドのどの辺にありますか

　　(1) 北部

　　(2) 南部

　　(3) 西部

4.　インドの公用語はいくつといっていますか

　　(1) 17

　　(2) 18

　　(3) 19

5. インドにおける英語の地位はどのようなものですか

    (1) 外国のことば
    (2) 国際コミュニケーションのことば
    (3) インドのことばのひとつ

6. 文化的にインド人はどういう特徴をもっているといわれていますか

    (1) 宗教的である
    (2) バイリンガルである
    (3) 商売好きである

7. インドはどういう特徴をもつ国といわれていますか

    (1) 多様な文化と伝統と宗教をもつ
    (2) 偉大なる田舎である
    (3) ２つの言語を使う

8. インドが世界でユニークな国といわれるわけはなんですか

    (1) 多様のなかで統一を維持していること
    (2) 多様性のため統一性に欠けていること
    (3) 多様な地域社会であること

9. 多様なインド人はどの言語でつながっているのですか

    (1) ヒンディー語
    (2) タミル語
    (3) 英語

10. インド文化の特質はなんですか

    (1) インド文化の特質は特に明らかではない
    (2) インド的と呼ばれるような特別の一体性はない
    (3) それはインド的ともいうべき普遍的な統一体である

11. インド文化の伝統はなんですか

    (1) 多様な文化のなかで、それぞれがお互いに敬意を払うこと
    (2) 文化的複合性のなかで、各文化が独自のふるまいをすること
    (3) 文化的多様性を常に解消しようとしてきたこと

12. インドで実践されていないと思われる宗教はなんですか

    (1) 仏教

    (2) キリスト教

    (3) 神道

13. インドの宗教文化の特徴はなんですか

    (1) 他の宗教に敬意を示すこと

    (2) 宗教上の争いが絶えないこと

    (3) 自分の宗教しか顧みないこと

14. 次のうち、ここでいわれていないものはどれですか

    (1) インドでイスラム教は迫害されている

    (2) インド人は自分の文化を他人に強要しない

    (3) ヒンズー教徒で肉を食べないカーストの人びとは、他のカーストの人びととが肉を食べるのに反対しない

解答： 1. (2) 2. (3) 3. (2) 4. (1) 5. (3) 6. (2) 7. (1) 8. (1) 9. (3)
10. (2) 11. (1) 12. (3) 13. (1) 14. (1)

---

2 この英語をもう一度聞き、以下の空所を埋めなさい。

(CD-01) 【1】   Namaste. I am Mathew Varghese from India. Namaste in Indian (1.   ) means, "I salute you with (2.   )." In Indian languages, this expression is used in various forms, but the meaning (3.   ) the same. I belong to the southern state of Kerala, (4.   ) we speak Malayalam, which is one of the 17 official languages of India. English is considered as one of the (5.   ) languages and most of the administrative, (6.   ) and business activities are (7.   ) in English.

◖聞き取りのポイント◗

respect réspect と respéct の 2 種のアクセントがあることに注意。 **remains**

[リマインズ] になっている。綴り字どおりの発音の一例。 educational éducational のアクセント。

● 語注

Namaste「こんにちは」 salute「挨拶する、敬礼する」 various「いろいろな」 remains the same「ずっと同じ」 state「州」 administrative「行政上の」

(CD-02) [2]　Culturally, Indians are ($_1$.　　　　), where most of the Indians could use at least two languages for ($_2$.　　　　). India is a country with diverse culture, ($_3$.　　　　) and religions. This diversity and the great ($_4$.　　　　) of the Indian nationhood makes India as a unique country in the world, and they are linguistically ($_5$.　　　　) through English.

● 聞き取りのポイント

bilinguals　bílingual のアクセントに注意。great [r] の響きに注目。nationhood nátion-hóod とアクセントは平等。

● 語注

diverse「多様な」 diversity「多様性」 nationhood「国民性」 This diversity and the great unity of the Indian nationhood makes　主語が複数ではなく、単数としてとらえられている。 linguistically「言語の面で」

(CD-03) [3]　The specialty of Indian culture is, it has no ($_1$.　　　　) integral unity that can be expressed as Indian. At the ($_2$.　　　　) time, India has a very unique culture and tradition, which is very strong diversity, multiplicity and a kind of ($_3$.　　　) respect. We have actually most of the religions in the world ($_4$.　　　　), maybe, Shintoism. Most of the religions in the world are ($_5$.　　　) in India. And even with this diverse religious culture, India is ($_a$) very religious country; people are not ($_6$.　　　) essentially in terms of religion. So they have a kind of respect between religions. Respecting other religion is (₇.　　　　　) of Indian culture.

●聞き取りのポイント

The specialty of Indian culture is, it has no...「インド文化の特質は」とまず
話題を出して、次にそれを代名詞の it で受ける。話題化構文という。インド英語にかぎ
らず、話しことばによくみられる。At the same time、And even with などの強調
の音調に注意。India is (a) very religious country 品詞が欠けることは時々ある。

●語注

specialty「特質」　very unique「とてもユニーク」英米英語では unique に very
をつけると冗長と判断されるが、インド英語では強調と理解される。インド英語の定
番。　integral「統合された」　multiplicity「多重性」　in terms of「の観点から」

(CD-04) 【4】　　Then, another example of diversity is that Indians never
(₁.　　　　　) to impose their culture on (₂.　　　　). For
example, Indian community, or Indian religion of Hinduism,
has several divisions (₃.　　　　) the religion. And most of the
higher caste Hindus, (₄.　　　　) don't eat meat. But they
don't object other caste people (₅.　　　　) meat. Then there
are Muslims in India, there are Jains, Christians, Sikhs. All
have different religions and (₆.　　　　). They are completely
respected by the Indian society.

●聞き取りのポイント

And most of the higher caste Hindus, they「上位のカーストにあるヒンズー
教徒のほとんどの人びと、彼らは」主語が長いので、すぐに代名詞で引き取っていう方
法。インド英語にかぎらず、話しことばによくみられる。

●語注

impose「強要する」　Indian religion of Hinduism「インドの宗教であるヒンズー
教」　division「分派」　caste「カースト」　Hindus「ヒンズー教徒」　object
someone doing「人が〜するのに反対する」意味上、someone が主語で、doing
が述語であることに注意。　other caste people「他のカーストの人びと」
Muslims「イスラム教徒」　Jains「ジャイナ教徒」　Sikhs「シーク教徒」

解答：

【1】 1. languages 2. respect 3. remains 4. where 5. Indian
　　 6. educational 7. conducted

【2】 1. bilinguals 2. communication 3. traditions 4. unity
　　 5. connected

【3】 1. special 2. same 3. mutual 4. except 5. practiced 6. fighting
　　 7. part

【4】 1. try 2. others 3. within 4. they 5. eating 6. beliefs

和 訳

【1】 ナマステ。私はマシュー・バルギーズです。インド出身です。ナマステとはインドのことばで、「敬意をもってご挨拶します」という意味です。この表現は、インドの諸言語で、いろいろと形を変えて使われますが、意味は変わりません。私はケララという南の州の出身で、そこではインドの 17 の公用語のひとつであるマラヤーラム語を話します。英語はインドの言語のひとつとみなされ、行政、教育、ビジネス活動のほとんどが英語で行われます。

【2】 文化的には、インド人はバイリンガルです。ほとんどのインド人は、少なくとも 2 つの言語でコミュニケーションができます。インドは多様な文化、伝統、宗教をもつ国です。この多様性をもちながらも国として固い結束ができるということこそ、インドが世界でユニークな国であることの所以なのです。言語的には、インド人は英語でつながっています。

【3】 インド文化の特色は、インド文化と表現できる単一に統一された文化があるわけではないということです。同時に、インドには独特の文化と伝統があります。それは強固な多様性、複合性で、互いを敬う気持ちです。実際、インドには世界中の宗教があります。神道は別として、世界のほとんどの宗教がインドで信仰されています。そして、インドはこのような多様な宗教文化をもち、信仰の厚い国でありながら、人びとは宗教で争うことはありません。他の宗教への敬意があるからです。他の宗教を尊重するというのは、インド文化の一部になっています。

【4】 多様性のもうひとつの例をあげると、インド人はけっして自分の文化を他人に押し付けようとはしません。たとえば、インドのコミュニティ、あるいはインドのヒンズー教はその中でいくつかに分かれています。そして、高いカーストのヒン

ズー教徒は肉を食べません。しかし、他の位の人が肉を食べるのに反対はしません。また、インドにはイスラム教徒もいますし、ジャイナ教徒もキリスト教徒もシーク教徒もいます。宗教や信仰はみな異なります。インド社会では、どれも完全に尊重されています。

2. 自分、夫、子どもの紹介：バルネス・エビネザさんの語り

　次はインド人女性の英語です。自分のこと、夫のこと、子どものことを話します。インドの家庭の姿が目に浮かびます。ゆっくり話すのでわかりやすいでしょう。

1 次の英語を聞き、以下の問いに答えなさい。

1.　バルネスさんはどこで生まれ、育ちましたか

　　(1) Hyderabad

　　(2) Mumbai

　　(3) New Delhi

2.　彼女はいくつのことばを話して育ちましたか

　　(1) １言語

　　(2) ２言語

　　(3) ３言語

3.　ヒンディー語はどういう場面で話しましたか

　　(1) 家庭で

　　(2) 学校で

　　(3) 友だちのあいだで

4.　長女ハナはどんな子どもですか

　　(1) 音楽が得意

　　(2) スポーツが得意

　　(3) なんでもできる子

5.　次女リナは何が得意ですか

　　(1) スポーツと社会活動

　　(2) 数学と英語

(3) 音楽と理科

6. リナはどんな子どもですか

(1) 読書好きな子ども

(2) 活発な子ども

(3) 内気な子ども

7. リナは家庭内ではどんな様子ですか

(1) 家族を楽しませる

(2) 遊びが大好き

(3) いつも机に座り、勉強ばかりしている

8. イノックはどこの学校に通っていますか

(1) 2人の姉と同じ学校

(2) 近所の学校

(3) 遠くの学校

9. 彼は毎朝どのようにして学校に行きますか

(1) オートに乗って

(2) 歩いて

(3) 電車に乗って

10. 両親はなぜ彼をその学校にやっているのですか

(1) キリスト教の学校だから

(2) 評判がよい学校だから

(3) 音楽で有名な学校だから

11. 彼が好きなことはなんですか

(1) 歌をうたうこと

(2) なんでも好き

(3) コーラスが好き

12. 4番目の子どもをもうけたときに、人びとはバルネスさんになんといいましたか

(1) 活動的な子でよかったね

(2) 男の子が 3 番目にいるのに、どうしてもうひとりを願ったのですか

(3) 男の子がいるのだから、もうひとりはいらないではないですか

13. バルネスさんはその問いにどう答えましたか

(1) まったく予期せぬことだったの

(2) 家族計画が失敗したの

(3) 子どもは神様からの授かりものです

14. ルイズはどんな子ですか

(1) まだよくわからない

(2) とても活発な子

(3) まだ学校には行っていない

15. 両親は彼女がどんな道を歩むと思っていますか

(1) まだ 5 歳だから先のことはわからない

(2) 2 人の姉と同じ学校に行っているので、同じようになるのでは

(3) 元気な子になるのでは

解答： 　1. (1)　2. (2)　3. (3)　4. (3)　5. (1)　6. (2)　7. (1)　8. (3)　9. (1)

　　　　10. (2)　11. (1)　12. (2)　13. (3)　14. (2)　15. (1)

---

2 この英語をもう一度聞き、以下の空所を埋めなさい。

(CD-05) 【1】　　　Hello, this is Mrs. Barnes Ebenezer. I was (1.　　　　　　) and raised up in Hyderabad. I went to an English-medium school. I was (2.　　　　　　) speaking two languages, English, Telugu and but (3.　　　　　　) in the friends' circle Hindi was (4.　　　　　　) so we spoke that. I got married when I was 21. I (5.　　　　　　) a Pastor, Mr. Ebenezer Benjamin. Very soon God (6.　　　　　　) us with our first kid, Hana. She is now doing her tenth class. She is a very versatile kid. You name it, and she can do it. She plays music. She writes for (7.　　　　　　) of India. She is a very good sports girl. Then she also gives her piano exams from the royal school of music.

全体的に語尾が上がっていることに注意。世界的な女性英語の傾向であるが、インド英語によくみられる。**I married a Pastor, Mr. Ebenezer Benjamin.** が聞き取れれば、インド英語の達人！

● 語注

Hyderabad「ハイデラバード」インド中南部 Andhra Pradesh 州の州都。 **raised up**「育てられた」up は不要だが、インド英語ではよく使われる。 **English-medium school**「英語を教育言語とする学校」上中流階級の子弟が通う。 **Telugu**「テルグ語」 **demanded**「求められる」 **pastor**「牧師」 **God blessed us with**「神様から授かる」 **tenth class**「10 年生」日本の高校 1 年生。インドでは前期初等教育 5 年、後期初等教育 3 年が義務教育。その後 2 年は前期中等教育。 **versatile**「多才な」 **Times of India**『タイムズオブインディア』インドの一流英字紙。 **she also gives her piano exams** インド英語では、give は take の意味。また、exams は lessons のこと（第 1 部第 4 章 3 節参照）。ここでは娘にピアノを習わせているというプライドが感じられる。

CD-06 **【2】** I have a second daughter Lina. She is also a very (1.　　　　) kid. Lina is in the (2.　　　　) class. She is a very good sports girl and very good at (3.　　　　) activities. Very (4.　　　　) we can see her with books. She just (5.　　　　) like sitting at one place and studying. But then she is very fun (6.　　　　) kid and can entertain our family for hours together and we just enjoy (7.　　　　) with her around.

But then...for hours together は長い文だが、内容は難しくない。繰り返し聞くこと。

● 語注

eighth class「8 年生」日本の中学 2 年生。 **very rarely**「めったに～することはない」英米英語では Very rarely can we see と倒置することもあるが、インド英語

の話しことばではめったにそうしない。 **entertain**「楽しませる」 **being with her around**「彼女と一緒にいること」

 【3】 My third child is a male. He is Inoq Ebenezer. He goes very (1.　　　　　) to study. He has to take an auto everyday morning. The (2.　　　) comes at 7 o'clock in the morning. He (3.　　　) all the way to the other part of the city to study. But then...we put, we decided that he (4.　　　) study there because the school is a very (5.　　　) and a nice school, St. Paul's High School. He is also talented, but one thing about him is he would love to sing, sing, sing, and all my kids like have to stop him from (6.　　　) because all the time he is singing. Then the school also has (7.　　　) his talent of singing and they have taken him into the school choir.

● 聞き取りのポイント

all my kids like have to... like といった後に have to と言い直したと感じられる。

● 語注

auto「オート」3輪車自動車に幌がついたもの。インド人のタクシー代わり。 **everyday morning** every morning のインドふうの言い方。 **travel**「出かける」 **reputed**「評判がよい」 **one thing about him**「彼の特徴のひとつ」 **sing, sing, sing**「いつも歌をうたっている」繰り返し語法。繰り返すことによって、「いつも」といった副詞的意味合いを表す。 **has recognized**「今や認めている」 **school choir**「学校の聖歌隊」

 【4】 My last daughter is Louis Robina. She is very very (1.　　　). Always people question me (2.　　　): why did you go for a fourth kid when you already have a boy as the third child, but I tell them all my four kids are not (3.　　　), all of them are blessed by God, and that they are given to us as (4.　　　). Then this last kid is really a blessing. She is always running (5.   ). And we don't know how far like what she is going to (6.   ). We are really not sure. But then she is five years now. She goes to the same school like my other two daughters (7.   ). And that's all. I enjoyed talking.

● 聞き取りのポイント

how far like what... how far *she goes*, like what... のようなつもり。

● 語注

very very「ものすごく」繰り返し語法。very を強調する。 **hyperactive**「活発な」本来は医学用語で子どもが神経過敏で過剰な行動をする、の意味。 **blessed by**「授けられる」

解答：

【1】 1. born 2. raised 3. then 4. demanded 5. married 6. blessed
7. Times

【2】 1. talented 2. eighth 3. social 4. rarely 5. doesn't
6. loving 7. being

【3】 1. far 2. auto 3. travels 4. should 5. reputed 6. singing
7. recognized

【4】 1. hyperactive 2. like 3. planned 4. gifts 5. about 6. become
7. do

和 訳

【1】 こんにちは。私はミセス・バルネス・エビネザです。私はハイデラバードで生まれ、育ちました。私は英語を教育言語とする学校に通いました。そして、2言語を話して育ちました。英語とテルグ語です。でも、お友だちのあいだではヒンディー語が必要なので、それを話しました。私は21歳のときに結婚しました。私は牧師のミスター・エビネザ・ベンジャミンと結婚しました。すぐに最初の子どもを授かりました。ハナです。彼女は今、10年生です。とても多才な子です。たいがいのことができます。音楽が大好きで、タイムズオブインディアに文章を寄せています。スポーツも上手です。そして、音楽院でピアノを習っています。

【2】 2番目の娘はリサです。彼女もとても才能があります。現在、8年生です。スポーツが得意で、社会活動に優れています。本を読んでいるのはめったに見たことがありません。同じところにすわって勉強するというのは好きでないようです。でも、楽しいことが好きな子で、家族が一緒にいるとみんなを楽しませてくれます。私たちは彼女がそばにいるだけで楽しいのです。

【3】 3番目の子は男の子です。イノック・エビネザです。彼は家から遠く離れた学校に行っています。毎朝、オートで通わなければなりません。オートは朝7時に来ます。市の反対側まで通っています。でも、私たちは彼の勉強にはそこがよいと思いました。とても評判がよく、よい学校です。セントポールハイスクールです。彼も才能に恵まれています。でも、彼のひとつの長所は歌です。いつも歌をうたっているのです。他の子どもは彼の歌を止めるのに一苦労です。いつも歌っているのです。そして、学校も彼のシンガーとしての才能を認め、学校の聖歌隊に迎えています。

【4】 私の最後の娘はルイズ・ロビナです。彼女はとても活動的です。人びとはよく私にこんなことを聞きます。どうして4人目の子どもをもうけたのですか。もう3人目に男の子がいるではないですか、と。でも、私はみんなにいっているのです。私の4人の子は計画してできたのではありません。4人とも神様からの授かりものです。神様の贈り物なのです、と。そして、この最後の子はほんとうに神様の賜物です。彼女はいつも走り回っています。私たちは彼女がどんなふうになるかわかりません。まったくわかりません。とにかく、まだ5歳です。彼女はふたりのお姉さんと同じ学校に行っています。だいたい、こんなところです。お話しできて、楽しかったです。

3. 日本人とインド人の会話：カルチャーショック

　次はインド人と日本人の会話です。登場人物はラージ（Raj）とナンディニ（Nandini）、そして日本人のヒロシ（Hiroshi）です。ラージとナンディニはインドの会社でソフトウェアエンジニアをしています。ヒロシは日本企業のビジネスパーソンです。ヒロシが日本から2人に電話するところから始まります。

　日本人はインドを訪れると、たいがいカルチャーショックを受けます。それは日本の常識や前提をインドに持ち込むからです。インドは伝統と革新が入り交じると同時に、宗教と生活が一体化しています。3人の会話をよく聞いてください。なお、練習問題は先のものと同じで、内容理解と空所補充ですが、内容理解は英語でやってみましょう。（インド人が日本に来て感じるカルチャーショックについ

ては、本書 pp.218-219 にあるマシュー・バルギーズさんのエッセイを読んで
ください。）

1 次の会話を聞き、以下の問いに答えなさい。

1. Are the speakers talking to each other face to face?

   (1) Yes.

   (2) Not clear in the dialogue.

   (3) No.

2. What is Hiroshi asking for when he called?

   (1) Some cash.

   (2) Tips on Indian culture.

   (3) Information about local hotels.

3. What answer did Raj give to Hiroshi's request for advice?

   (1) Of course.

   (2) Here, talk to Nandini.

   (3) I can't help you.

4. What is the first tip given by Raj?

   (1) Don't worry at all.

   (2) We will take care of you.

   (3) Be prepared for a culture shock.

5. What was Nandini's question?

   (1) When are you coming?

   (2) When will you reach Delhi?

   (3) Is your wife coming with you?

6. What was Hiroshi's answer to Nandini's question?

   (1) Oh, my wife is coming.

   (2) I am not sure still.

   (3) She is not coming as she is scared of travelling to India.

7. What was the first unconventional topic Nandini spoke about?

(1) Discussions about religion.

(2) Discussions about stock market.

(3) Discussions about family.

8. What did Raj ask Hiroshi to leave behind before reaching India?

(1) His extra luggage.

(2) His present assumptions and mindsets.

(3) His dictionary.

解答　　1. (3)　2. (2)　3. (1)　4. (3)　5. (3)　6. (3)　7. (1)　8. (2)

---

2 この会話をもう一度聞き、以下の空所を埋めなさい。

(CD-09) セクション1

Tring, tring, tring...

Raj: Hello.

Hiroshi: Moshi Moshi. Raj san desuka?

Raj: Hi, Hiroshi san, is it? Nice to ($_1$　　　　) from you. Are you ($_2$　　　) in India or are you speaking from Tokyo?

Hiroshi: I am speaking from Tokyo, Raj san. I am planning to come to India soon. Our company is having a major business deal lined up and I will be coming to represent our boss in the initial meetings till he can join me a couple of weeks later.

Raj: Oh, that's great news. So, when are you ($_3$　　　　) Delhi? Let me know, I will come to pick you up.

Hiroshi: Oh, that will not be necessary. I can take a pre-paid taxi from the airport. This is my second visit. I can manage it. But I do need your help, Raj san.

Raj: Yes, yes. Tell me.

Hiroshi: My last visit was very short and I had a major culture shock at that time. I do not want to have that kind of shock again. So, I was thinking if I could get some tips from you to understand the culture better and especially the business culture, then I would be better prepared.

Raj: Of course, Hiroshi san. My first tip for you is – Be (4.   ) prepared to be culture shocked. Be (5.   ) of the fact that on every step, you will (6.   ) something that can shock you in some way or the other. Some shocks may be pleasing and some may not be. India is (7.   ) of shocking foreigners with all her sights, sounds, (8.   ) and inner feelings. She is an ancient land which still (9.   ) the living. Therefore, she has a completely different way of life and (10.   ) an open mind, open heart and a (11.   ) approach to benefit from your visit to India.

● 語注

is it? インド英語ではこれで疑問文を作る。　**necessary** インド英語では needed も多い。　**pre-payed taxi from the airport** 「空港タクシー」空港内のカウンターで受け付け、旅行客を市内に運ぶ。前払いが原則。　**at that time** インド英語では at をいわないことも多い。　**prepared** インド英語では equipped ともいう。　**her/ She** インドのこと。

解答　1. hear　2. here　3. reaching　4. totally　5. aware

6. experience　7. capable　8. smells　9. impacts　10. requires

11. positive

セクション2

Hiroshi: Mm. I have already been exposed once, so I understand what you are saying in some ways.

Raj: Here talk to Nandini. She is also standing next to me and wants to talk to you.

Nandini: Hi, Hiroshi san. How are you? Are you (12.   ) your wife this time?

Hiroshi: I want her to travel with me. But she is not ready at all. She is so scared to travel to India. She said it is not safe. She is actually not happy with me travelling, too.

Nandini: It's sad that India has created this (13.   ). I can understand her thinking. It is not that bad (14.   ). India is a place of colorful (15.   ) of good, bad and ugly, which can easily (16.   ) foreigners. Indian culture encourages non-conformity to a large extent. That's why you can find such huge diversity in every (17.   ) of life – for example, people's names, their food, dress, (18.   ) (19.   ), approach to business and even religion.

Hiroshi: Religion in business environment?

Nandini: Yes, you must be prepared to have random conversations with your business counterparts (20.   ) various aspects of different religions and the virtues of (21.   ) food, etc. Okay, I am giving the phone to Raj. Bye for now.

Raj: We are looking forward to meeting you, Hiroshi san, and enjoying our time together. Before we finish this initial conversation on Indian culture, I would like to let you know one basic thing and that is – Please leave behind your assumptions and stereotyped (22.   ) based on information provided to you by (23.   ) or friends.

Rather than that, come here with an open mind.

● 聞き取りのポイント

ナンディニはゆっくりで聞きやすいでしょう。ヒロシの **thinking** の th は /s/ で、ナンディニのは /t/。**wife** は［ヴァイフ］。

● 語注

not happy with me travelling「私が旅をすることを不安に思っている」 reputation「評判」良いことにも悪いことにも使う。 place of colorful contradictions「矛盾の目立つ場所」 overwhelm「圧倒する」 non-conformity「非画一性」 to a large extent「かなりの程度に」 virtues「美徳」 leave behind「（自国に）置いてくる」 assumptions「前提」 stereotyped mindsets「紋切り型の考え方」

解答　　**12.** bringing　**13.** reputation　**14.** really　**15.** contradictions
　　　　16. overwhelm　**17.** sphere　**18.** daily　**19.** routines
　　　　20. discussing　**21.** vegetarian　**22.** mindsets　**23.** media

---

和訳

リンリン（電話のベル）

ラージ：ハロー。

ヒロシ：もしもし。ラージさんですか。

ラージ：ハーイ。ヒロシさんでしょう。元気？　インドにいるのですか、それとも東京ですか。

ヒロシ：東京です、ラージさん。近々インドに行く予定です。私どもの会社が大きな取引をすることになっており、私が初期の段階で社長の代わりに参ります。社長は1、2週間後に行きます。

ラージ：それはグッドニュースです。いつデリーに到着しますか。知らせてください。迎えにいきますよ。

ヒロシ：かまわないでください。空港タクシーで行きます。今回は2度目の訪問なので、自分でできます。でも、ラージさん、助けてもらいたいことがあります。

ラージ：はいはい。おっしゃってください。

ヒロシ：私の最初の訪問は短期間で、大きなカルチャーショックを受けました。今度

はそれを避けたい気持ちです。インド文化、特にビジネス文化をよりよく理解するために、なにかよいアドバイスをいただけませんか。そうすれば、もっと準備できると思います。

ラージ：もちろん、ヒロシさん。最初のアドバイスです。カルチャーショックは受けるものと思ってください。一足踏み込むたびに、何らかのショックを受けるものなのです。あるものは心地よいものかもしれませんが、不愉快なものもあるはずです。インドは景色、音、匂い、そして内面の意識で外国人を驚かせます。インドは往古のなごりを残す土地で、現代人にも大きな影響を与えています。ですから、インドはまったく異なる生活様式をもっており、インド訪問で何かを得ようと思うなら、広い心と、広い気持ち、そして肯定的な姿勢をもたなければなりません。

ヒロシ：うーん。私は一度インドを経験しているので、あなたのおっしゃることはなんとなくわかります。

ラージ：ここでナンディニと話してください。彼女は私の脇にいて、あなたと話したがっています。

ナンディニ：ハーイ、ヒロシさん。ご機嫌いかがですか。今回は奥さん同伴ですか。

ヒロシ：同伴したいのですが、彼女はまだその気にならないのです。インドに行くのを怖がっています。危険だというのです。私が行くのも気に入らないのです。

ナンディニ：インドがこんな評判になっているのは悲しいことです。奥さまのお考えはよくわかります。現実はそんなに悪い状態ではありません。インドは色彩豊かな矛盾に満ちた国です。良い面もあれば、悪い、醜い面もあります。外国人はこの矛盾に圧倒されてしまいます。インド文化は非画一性を大いに奨励します。これは生活の隅々にまでみられる多様性の源泉なのです。それは、人びとの名前、食べ物、衣服、毎日の営み、ビジネスの方法、さらには宗教にまでわたります。

ヒロシ：ビジネスの環境で宗教ですか？

ナンディニ：はい、心してください。あなたはカウンターパートが何気なく宗教のさまざまな側面やベジタリアンフードの長所について話す場面にぶつかるはずです。ラージに代わります。今日はこれまでね。

ラージ：お会いするのを楽しみにしていますよ、ヒロシさん、そして一緒にいろいろやりましょう。インド文化に関するこの最初の会話を終えるにあたって、一言いわせてください。何ごとも決めてかからないでください。ステレオタイプの思考を捨ててください。メディアや友人に与えられた情報はかならずしも正しいとはかぎりません。インドにはオープンマインドで来てくださいね。

注　本書の著者がこれらの発言に同意しているわけではありません。

第11章 ダイアローグを聞く

ここでは、さらに広範囲にわたって、インド英語のいろいろな特徴に触れ、聞き取りの練習をします。ラージさんとナンディニさん、そして2人の会社に出向中のヒロシさんにもう一度登場してもらい、ダイアローグで勉強します。全部で8編あります。テーマはどれも、日本人がインドで遭遇するビジネス関連の事象をインド人に問い、インド人がそれに答えるという形を取ります。

このような出来事は日印英語コミュニケーションの現場によくあることです。大いに、質問しましょう。そして、返事を注意深く聞きましょう。一度でわからなければ、また聞いてもかまいません。お互いに伝え合うことが大切です。各ダイアローグには、内容理解と空所補充の問題、聞き取りのポイント、重要事項の語注、そして全文の日本語訳をつけています。思う存分に活用してください。

Dialogue 1 – Greetings and Nonverbal Cues

インドのビジネスシーンでは、ことばとしぐさで挨拶を交わします。会話の時期は8月のようで、暑さとその季節の食べ物などの話から始まります。それから、ナンディニさんが「ナマステ」にともなうしぐさについて説明をします。距離の取り方や接触のルールと、その意味についても言及があり、興味深い会話です。

1 ダイアローグ1を聞き、以下の問いに答えなさい。

1. Do Raj, Nandini, and Hiroshi seem friendly with each other during the conversation?
   (1) Very friendly.
   (2) Very formal.
   (3) Very businesslike.

2. Did Hiroshi and Nandini meet for the first time according to this dialogue?
   (1) It sounds like that.
   (2) They must have met before.

(3) Not clear in this dialogue.

3. According to the dialogue, is Indian tea similar to Japanese one?

   (1) No, it is bitter and cold.

   (2) Yes, same like Japanese.

   (3) No, it is sweet and hot.

4. What is the traditional way of saying greeting in India?

   (1) Hi.

   (2) Namaste.

   (3) Hello.

5. Is touching each other a common practice in Indian society?

   (1) I guess yes.

   (2) No, it is uncommon in general.

   (3) Yes, people enjoy touching each other.

6. Which of the following factor influences the decision to do Namaste?

   (1) It is random.

   (2) Taking gender and hierarchy into consideration helps in the decision.

   (3) The health condition of the people involved.

7. Namaste is done by:

   (1) Bowing deeply.

   (2) Folding hands in front of the chest.

   (3) Waving hands joyfully.

8. Does India have a range of society etiquettes?

   (1) There is not notion of etiquette in India.

   (2) It doesn't. India is a chaotic place.

   (3) It does. India is a traditional country with diverse cultures and habits.

(CD-11) **2** ダイアローグ 1 をもう一度聞き、以下の空所を埋めなさい。

セクション 1

Raj: Hi, Hiroshi san. How are you?

Nandini: Namaste, Hiroshi (₁   ). Good morning. Nice to see you finally after so many email (₂   ).

Hiroshi: Hi, Raj and Nandini. Good morning. I am good. It is very hot today. August is hot and humid in Japan also.

Nandini: Yes, I have heard that Tokyo gets very hot and humid. What do you call it? Mushi atsui, right?

Hiroshi: Wow, Nandini, I am impressed. You know Japanese. But I don't know the Hindi name for this. I am sorry.

Raj: No (₃   ) to be sorry. You do not know the Hindi name, but that can't (₄   ) you from enjoying the (₅   ) savories of this season – (₆   ) hot tea with cardamom and fritters.

Hiroshi: That sounds interesting. In Japan too, we have special food for different seasons. But before we start talking about food, can I ask you some questions?

Raj: Yes, of course.

● **聞き取りのポイント**

ラージはいつも早口。インド人はこういう感じなので、慣れるが一番。ナンディニは少しゆっくりで聞き取りやすい。両者とも口調は平坦で書きことばの区切りにそっている。

● **語注**

ji ヒンディー語で「～さん」　humid「蒸し暑い」　savories 食欲をそそり、薬味が効いた辛口の料理。イギリス英語のスペリングでは savoury だが、インド英語では必ずイギリス英語に従うというわけではない。cardamon「カルダモン」薬用、香辛料に

使う。fritters「フリッター」薄切りの衣揚げ。

解答： 1. ji 2. exchanges 3. need 4. stop 5. favorite 6. sweet

(CD-12) セクション2

Hiroshi: Raj, when you greeted me, you said Hi but when Nandini greeted me she said Namaste. Is there a reason for that? What is the difference between the two?

Nandini: Hahaha. You are very ($_7$), Hiroshi. First reason is that Namaste is the traditional way of ($_8$) in India. Because it is traditional, then in a contemporary setting like this one, it comes across as a ($_9$) way. Second reason is that traditionally men and women talk with each other from a distance as a ($_{10}$) of respect. That is why I, as a woman, unconsciously said Namaste, while Raj unconsciously became more friendly and ($_{11}$) to you and said Hi. Does that make sense?

Hiroshi: I think it does.

Raj: I think so too. I didn't ($_{12}$) that I was unconsciously exhibiting more closeness. Interesting!

Hiroshi: Another thing, Nandini, you folded hands while saying Namaste but Raj shook hands.

Nandini: Exactly, this too is because ($_{13}$), men and women do not touch each other while greeting. Indians are quite conscious of ($_{14}$) touch. Touch is a very hierarchically decided thing. Men and women even within the family cannot touch each other randomly and in public. So, while saying Namaste, I folded hands.

Hiroshi: Yes, you did. But you don't sound very formal now.

175

Nandini: Yes, traditions are evolving but a few things (15.   )
　　　　ingrained in the social interactions. In any case, Hiroshi,
　　　　India is a very diverse country. You will find traditions,
　　　　systems, styles, changing from state to (16.   ).
　　　　India ranges from being modern, sophisticated, industrial
　　　　and corporate to being very traditional, formal, and
　　　　(17.   ). My suggestion to you is remain observant
　　　　as you were right now and (18.   ).

● 聞き取りのポイント

closer, closeness 形容詞の close（近い）の派生語なので [s] のはずだが、ここで
は動詞 close（閉じる）の類推で [z] になっている。exhibíting, interésting スト
レス（アクセント）が右にずれている。

● 語注

come across「（振舞いなどから）人に〜と思われる」　fold hands「手を合わせる」
a few　インド英語では a few と few を区別しないことがある。

解答：　**7.** observant　**8.** greeting　**9.** formal　**10.** mark　**11.** closer

　　　12. realize　**13.** traditionally　**14.** physical　**15.** remain　**16.** state

　　　17. rigid　**18.** flexible

和　訳

ダイアローグ１：あいさつとボディーランゲージ

ラージ：こんにちは、ヒロシさん。ご機嫌いかがですか。

ナンディニ：ナマステ、ヒロシさん。お早うございます。やっとお目にかかれてうれ
　　　　しいです。ずいぶんメールを交換しましたね。

ヒロシ：こんにちは、ラージ、ナンディニ。お早うございます。気分は上々です。今日
　　　　はとても暑いですね。日本でも８月は暑くて蒸しますよ。

ナンディニ：そうですね。東京はたいそう暑くて蒸すと聞きました。何といいました
　　　　か。ムシアツイ、ですか。

ヒロシ：わー、ナンディニ、驚きました。日本語ができるんですね。でも、私はヒン
　　　　ディー語の言い方を知りません。すみません。

ラージ：あやまる必要はありませんよ。ヒンディー語の言い方を知らなくても、この時期の名物を楽しむことができますよ。甘いカルダモン入りホットティーとフリッターですよ。

ヒロシ：いいですね。日本にも季節ごとに特別の食べ物があります。でも、食べ物の話をする前に、すこし質問をしてもかまいませんか。

ラージ：いいですとも。

ヒロシ：ラージ、あなたが私を迎えたときはハーイといいましたが、ナンディニはナマステといいました。これには何か理由があるのですか。ふたつの違いは何ですか。

ナンディニ：ははー。ヒロシ、あなたはとても観察力がありますね。第1の理由は、ナマステはインドの伝統的なあいさつことばです。伝統的であるために、今回のような今日的な状況ではフォーマルな意味合いになります。第2は、伝統的な振舞いでは、男女が話すときは、お互いに距離をとります。これは敬意の印なのです。このため、私は女性として無意識にナマステといったのです。ラージは無意識にあなたに対して私よりもフレンドリーで距離を縮めたので、ハーイといったのです。わかりますか。

ヒロシ：わかるような気がします。

ラージ：わたしも同感です。自分が無意識に距離を縮めているとは気がつきませんでした。興味深いですね。

ヒロシ：もうひとつ、ナンディニ、あなたはナマステといって両手を合わせていました。でも、ラージは握手をしました。

ナンディニ：たしかに。これも伝統的にいうと、男女はあいさつをするときに触れ合うことはありません。インド人は身体的な接触となると、かなり意識します。接触は階層的に決められているのです。男女は家族であってもやたらに触れ合いません。公の場でも同じです。私はナマステというときは、手を合わせましたよ。

ヒロシ：そうでしたね。でも、今はフォーマルな感じがしませんね。

ナンディニ：そうです。伝統は進化していますが、あることがらは社会的相互作用のなかに深く染み込んでいます。いずれにしても、ヒロシ、インドは非常に多様な国です。伝統、システム、スタイルは州によって違います。インドは近代的で洗練され、産業化され企業化された側面から、伝統的で形式的で硬直化した側面までもっています。私のアドバイスをいいますと、あなたは今日のように観察眼を利かせて、柔軟に対応してはどうでしょうか。

Dialogue 2 – Don't Say Thank You

インド人は友人どうしでは、あまりサンキュウをいいません。はっきりとDon't say Thank you. ということもあります。こちらがサンキュウといって、それが否定されるとなると穏やかではありません。でも、それは友人の輪に招き入れるシグナルなのです。同じ論理で、友人どうしではアイアムソーリーもあまりいいません。この心情に日印の違いはあるでしょうか。考えてみましょう。

CD-13

1 ダイアローグ 2 を聞き、以下の問いに答えなさい。

1. What was Hiroshi's first question?
   (1) Why do Indians say "Don't say Thank you"?
   (2) Why do Indians thank you so often?
   (3) Why don't Indians thank you in public?

2. Why was Hiroshi confused to hear "Don't say Thank you"?
   (1) Because "Thank you" is an important expression in his culture.
   (2) Because people thank you when you do something nice to them.
   (3) Because people feel bad hearing "Don't say Thank you."

3. What compliment did Raj give to Hiroshi?
   (1) You are very confused.
   (2) You are very friendly.
   (3) You are very observant.

4. Why do Indians not prefer saying "Thank you" among friends?
   (1) Because it is a very casual expression.
   (2) Because it is a very informal expression.
   (3) Because it is a very formal expression.

5. When did Hiroshi feel awkward?
   (1) When his Thank you was not accepted.
   (2) When he did not hear "Thank you."

(3) When he was told to say "Thank you" for every kindness he received.

6. Why do Indians refuse your "Thank you"?

   (1) Because they wish to say indirectly that they like you.

   (2) Because they wish to bring you into their circle of friends.

   (3) Because they wish to say informally that they don't accept your relationship.

解答： 1. (1) 2. (2) 3. (3) 4. (3) 5. (1) 6. (2)

(CD-13) **2** ダイアローグ2をもう一度聞き、以下の空所を埋めなさい。

Hiroshi: Hi, Raj, long time no see.

Raj: Hi Hiroshi san. Long (₁.   ). How are you?

Hiroshi: Raj, do you remember the conversation we had last time? I really learned a lot from that and I shared it with my other Japanese colleagues. They too learned a lot. And so, now I have a few more questions. Is that okay if I ask you now?

Raj: You are most welcome, friend. Don't say Thank you. Ask (₂.   ) you wish to.

Hiroshi: Thanks and that's my first question. Why do Indians say "Don't say Thank you" or just answer back in another "Thank you"? It leaves me very confused because I think "Thank you" is a very essential thing in a conversation. But I often hear them saying "Oh, don't say Thank you."

Raj: Hahaha. You are very observant, Hiroshi san. Indeed, we often (₃.   ) people from saying "Thank you" because in some way, we believe that there is no (₄.   ) of "Sorry" or "Thank you" between friends. We understand

Thank you to be a very (5.   ) expression and therefore it does not match the informal or casual (6.   ) accepted in a friendship situation. I hope you understand what I mean.

Hiroshi: I guess so. At the moment, I feel quite awkward when I say "Thank you" that the person refuses to accept it.

Raj: Ya, it will take a (7.   ) to get that. By not (8.   ) your "Thank you", they are actually bringing you in their (9.   ) of friends and therefore respecting you.

● 聞き取りのポイント

circle ［サルキル］/k/ と /l/ の間に /i/ が入る。聞き取りにくい。their (circle of) friends でもわかるので気にしない。

● 語注

Long time no see を省略。**bringing you in** into もある。

解答: **1.** time   **2.** whatever   **3.** stop   **4.** place   **5.** formal   **6.** attitude
         7. while   **8.** accepting   **9.** circle

和 訳

ダイアローグ２：お礼は無用

ヒロシ：ハーイ、ラージ。お久しぶり。

ラージ：ハーイ、ヒロシさん。お久しぶり。ご機嫌いかがですか。

ヒロシ：ラージ、先回の会話を覚えていますか。私はとても勉強になりました。日本人の同僚にも伝えました。彼らも大変勉強になったはずです。で、もう少し質問があります。今、聞いていいですか。

ラージ：大歓迎です。お礼は無用ですよ。何でも聞いてください。

ヒロシ：ありがとう。で、これが最初の質問です。インド人はどうして「お礼は無用」といったり、"Thank you." に "Thank you." と答えるのですか。私にはわけがわかりません。お礼をいうのは会話では基本中の基本でしょう。にもかかわらず、インド人は "Oh, don't say thank you." とよくいいます。

ラージ：ははー。鋭いですね、ヒロシさん。たしかに、インド人は "Thank you." と

いわないようにしています。なぜかというと、インド人は友だちのあいだでは「すみません」とか「ありがとう」という必要がないと信じているからです。インド人は "Thank you." は非常にフォーマルな表現と考えており、友人関係のインフォーマルでくつろいだ雰囲気とは合致しません。わかっていただけますか。

ヒロシ：多分ね。でも、今のところは、私が "Thank you." といって、相手がそれを拒否したとなると穏やかではありませんよ。

ラージ：そうでしょうね。この心境になるのには時間がかかります。あなたに「お礼にはおよびません」ということによって、インド人はあなたを友人の輪に入れ、敬意を示しているのです。

Dialogue 3 – Small Tips for Small Talks

　インドのビジネスミーティングでは、スモールトークが重要です。いきなりビジネスの話をするのは厳禁です。カウンターパートや同僚と家族や趣味の話をします。紹介なしに上役に近づくのもご法度です。まずは信頼関係の構築が大切です。すべては信頼の基で進展します。時間がかかるので、あせらず根気よく対応することが必要です。

1 ダイアローグ 3 を聞き、以下の問いに答えなさい。

1. Are business cards required in Indian business meetings?
   (1) Maybe yes, maybe no. People from big companies exchange cards, but not people from small companies.
   (2) No, business cards are not needed.
   (3) Yes, business cards are a must.

2. What should be the language on the business card?
   (1) English and Hindi are appropriate.
   (2) English is always appropriate.
   (3) Any language can be all right.

3. Who makes the decisions in the business meetings?
   (1) Chairpersons of the meeting.
   (2) Persons in charge of the business matter in question.

(3) People at the top of the hierarchy.

4. What is a good idea for a small talk if you have time before a meeting?
   (1) About hockey, because Indians just love it.
   (2) About your religions, because Indians have a great respect for what you believe in.
   (3) About your counterpart's family, interests, hobbies, etc.

5. What is the advice Raj gave to Hiroshi because of the slow speed of business decisions?
   (1) You have the right to be angry.
   (2) Just give up. Indians can't make a decision on a complicated matter.
   (3) Be polite, but persistent.

6. What was the point that Raj asked Hiroshi to be aware of?
   (1) That if Indians say "something cannot be done," it means you have no deal.
   (2) That the tea or coffee offered to you may be quite sugary, so be careful not to take too much of them.
   (3) That you might require several visits before reaching an agreement.

解答： 1. (3)　2. (2)　3. (3)　4. (3)　5. (3)　6. (3)

---

 2 ダイアローグ3をもう一度聞き、以下の空所を埋めなさい。

Hiroshi: Hi, Raj. I am nervous. I have a business meeting tomorrow. It is with very high officials of an Indian company. I am ready as far as my presentation is concerned. But I am quite nervous about small but meaningful things that I must be careful about. Like whom to start talking to on the table or how to start the conversation and so on.

Raj: To begin with, business cards are a ($_1$). Indians are very conscious of the protocol. Present business cards ($_2$) introduced and English is appropriate for the business cards. Please keep them ($_3$) and give them if asked. If the meeting has many high officials, please take cues from your contact person. Follow their pattern and ask them for an ($_4$) person to start talking to. Generally, they would love to clarify the protocol for you. Don't reach out to high officials without ($_5$) or prior acquaintance. For queries about the decisions or decision-making process, it is best to ask your ($_6$) and not the high level people sitting on the table. Your contact person, who introduced you to the setting, will work as ($_7$) resource for these queries. Decisions are ($_8$) influenced from the top. Usually, one top-notch highest-level person makes all major decisions.

Hiroshi: Oh, I see.

Raj: If the meeting has not started ($_9$) and people are talking to each other, it is a nice idea to small talk about your counterpart's family, but only a quick short question. It is considered ($_{10}$) to plunge into business discussions immediately. Ask about your counterpart's family, interests, hobbies, etc. before ($_{11}$) business discussions. But if you are already on the negotiating table and the conversation has ($_{12}$), then no need to small talk.

Hiroshi: OK. I understand.

Raj: Another important point is that business is slow and

difficult in India. Be polite, but persistent. Do not get ($_{13.}$) if you are told something "($_{14.}$) ($_{15.}$) ($_{16.}$)." It might not mean that it is impossible. Rather, it might mean that you need to find out different ways of working other ($_{17.}$). Remember, you might require several ($_{18.}$) before reaching an agreement.

One more thing, the tea or coffee offered to you might be quite sugary and if you empty it, you might get a refill soon. So, sit with it, don't finish it ($_{19.}$).

● 聞き取りのポイント

protocól　語尾が上がるので、アクセントが第1音節から第3音節に移行。Generálly, Usuálly も同じ。prior［プリオル］文字どおりの発音。pérsistent アクセントが第1音節に移動。can't［カーント］イギリス式発音。

● 語注

take cues「ヒントを得る」　Follow their pattern「彼らのするとおりにしなさい」彼らとは contact person = counterpart のこと。top-notch「一流の」highest-level と同義の語句を繰り返している。small talk　動詞に使う。インド英語は品詞間の融通が利く。

解答：　1. must　2. when　3. handy　4. appropriate　5. permission
　　　　6. counterpart　7. your　8. strongly　9. officially　10. rude
　　　　11. beginning　12. started　13. angry　14. cannot　15. be
　　　　16. done　17. solution　18. visits　19. fast

和 訳

ダイアローグ3：スモールトークは重要

ヒロシ：ラージさん、ちょっとビクビクしています。明日ビジネスミーティングがあります。インドの会社の上級職の方々との会合です。私はプレゼンの準備はできています。ただし、細かいことで意味深長なことがらで、どんなことに注意した

らよいかがよくわからず、不安になっています。テーブルではまず誰に話しかけたらよいのかとか、どのようにして会話を始めたらよいのかといったことがらです。

ラージ：まずは、名刺が必要です。インド人はビジネス作法を強く意識しています。紹介されたときには名刺を差し出すのです。英語の名刺です。名刺を手元において、求められたらすぐに手渡すようにしてください。上級職がたくさん出席している会合では、あなたのコンタクトパーソンを見習ってください。彼らのやるようにして、あなたが誰に話しかけてよいか聞いてください。彼らはよろこんで手順を教えてくれるでしょう。許可なしに、あるいは以前から知っている関係でないかぎり、上級職に話しかけてはいけません。ビジネスの決定やその過程についての質問はカウンターパートに聞くのが一番よいでしょう。テーブルに座っているハイレベルの人に聞くのはやめたほうがよいでしょう。あなたのコンタクトパーソンはあなたをこの会合に紹介してくれたのですから、こういった質問があるときには橋渡しをしてくれるでしょう。意思決定にはトップの影響力が強く出ます。普通は、一人の最高位の人がすべての主要な決定をします。

ヒロシ：なるほど。

ラージ：会合がまだ正式に始まっておらず、雑談中の場合には、カウンターパートの家族について話したらどうでしょうか。しかし、質問は短くしましょう。いきなりビジネスの話に入るのは無礼と思われます。ですから、ビジネストークを始める前に、カウンターパートに家族、興味、趣味のことなどを聞いてみてください。すでに交渉のテーブルにつき、会話が始まれば、世間話は不要です。

ヒロシ：わかりました。

ラージ：もうひとつだいじな点ですが、インドではビジネスはゆっくりと進行し、なかなか困難を伴います。礼儀正しく、根気よくあたることがだいじです。「できません」といわれても、怒ったりしてはダメです。不可能という意味ではないかもしれません。いろいろと別の道を探りながら解決策を生み出すようにという意味かもしれないのです。いいですか、合意に達するまでに何回か会社を訪問しなければならないこともあります。

　　　もうひとつ。お茶やコーヒーが出されますが、砂糖がいっぱいです。飲み終えると、すぐに注ぎ足されます。ゆっくりやってください。早く片付けないほうがよいですよ。

Dialogue 4 – Visiting an Indian House for Dinner

インド人の自宅に呼ばれたら、喜んでください。その人があなたのビジネスに興味と好意をもち、これからよい関係を造りたいと願っている証しです。訪問する際には、プレゼントを用意しましょう。とくに、奥さんや子どもさんへのプレゼントは喜ばれます。食事になると、注意することがいくつかあります。また、返礼についてのアドバイスもあります。

1 ダイアローグ 4 を聞き、以下の問いに答えなさい。

1. If a Muslim friend has invited you for dinner, should you expect pork?
   (1) Yes, but only if you request it.
   (2) Maybe yes, maybe no. Young Muslims are more flexible than old generations.
   (3) No way.

2. Is beef legal in India?
   (1) Yes, it is legal but banned for political reasons.
   (2) No, because cow slaughter is banned in India.
   (3) Maybe yes, maybe no. You can buy a beef burger at MacDonald's in Mumbai.

3. How many sects does Hinduism have?
   (1) 3.
   (2) 4.
   (3) 5.

4. Why do Brahmins not eat onion and garlic?
   (1) Because these are considered to invoke impure emotions.
   (2) Because they smell bad.
   (3) Because they are difficult to find in India.

5. What should you do if you do not like the taste of the food offered on your plate?

(1) Finish as soon as you can.

(2) Tell the host you don't like it.

(3) Just leave it on your plate.

6. Who serves food in Indian homes?

   (1) Normally, you help yourself.

   (2) Generally, the wife or a servant.

   (3) Usually, the host of the party.

7. Why should you not finish fast the food you do not like on the plate?

   (1) Because people usually eat the food you do not like lastly.

   (2) Because if you eat the food you dislike fast, you will become sick.

   (3) Because it gives the wrong impression that you like it, so you might get a second serving.

8. How is Indian food mostly eaten?

   (1) With a fork, spoon, or hand.

   (2) With a fork.

   (3) With a spoon.

9. Why is it not a good idea to eat food in India with your left hand?

   (1) Because the left hand is difficult to handle.

   (2) Because the left hand is considered unclean.

   (3) Because Indians are right-handed people.

解答：　1. (3)　2. (2)　3. (2)　4. (1)　5. (3)　6. (2)　7. (3)　8. (1)　9. (2)

2 ダイアローグ4をもう一度聞き、以下の空所を埋めなさい。

セクション1

Hiroshi: Raj, How are you doing today? If you have time, I want to chat with you about Indian culture about food because I have been called home by my Indian boss and I don't know what to do.

Raj: What's the name of your boss?

Hiroshi: Actually both. Mr. Khan has invited me to his house and Mr. Singh and his wife will also be there.

Raj: Great. So you will have two very different cultural experiences because Mr. Khan is a Muslim, so he will not offer you ($1.$) and Mr. Singh is a Hindu, so there will be no ($2.$). By the way, these days there is a very strict ($3.$) on cow slaughter because of political reasons, so you will not get beef anywhere.

Hiroshi san, let me use this ($4.$) to give you some idea about the concept of vegetarianism in India. Traditionally, India is a Hindu predominant country and Hinduism was divided into 4 ($5.$). The Brahmins, who held the highest position in the ($6.$), are not allowed to eat meat of any kind, which ($7.$), mutton, chicken, fish and even eggs are ($8.$). In fact, Brahmins do not even eat onion and garlic as these are considered to invoke ignorance, passion for worldly things and other ($9.$) feelings. Since the job of Brahmins was to teach, think and give ($10.$), therefore they were "supposed" to have ($11.$) and healthy food, which meant no meat, fish or eggs, and even no onion and garlic. I hope that makes sense.

Hiroshi: Maybe!

聞き取りのポイント

India [インディヤ] インド諸語では /i/ と /a/ の間に /y/ が入る。

語注

Indian culture about インド英語では around も使う。**called home**「家に呼ばれる」 **vegetarianism**「菜食主義」vegetarian（菜食主義者、ベジタリアン「の食事」）は veggie ともいわれる。インドのマクドナルドには McVeggie Burger（マックベジバーガー）がある。 **Since...therefore** インド英語では As (because, since)…so (therefore) の対句が使われる。

解答： **1.** pork **2.** beef **3.** ban **4.** occasion **5.** sects **6.** division
7. means **8.** prohibited **9.** negative **10.** knowledge **11.** pure
---

(CD-16) **セクション2**

Raj: Okay, next thing. Generally Muslims do not drink alcohol. Therefore, do not take ($_{12.}$) with you as a gift. You can take something for his wife or children as they appreciate something ($_{13.}$) for their families. There is every possible ($_{14.}$) that his wife would join you at the dinner table. Talk to her and be appreciative but do not ($_{15.}$) flirtatious. You can take a gift for the lady or her kids. Gifts from your country are appreciated. Expensive ($_{16.}$) are also welcome as Indians like flamboyance, ($_{17.}$) Japanese. It is a good idea to give the gift on second or third meeting rather than the ($_{18.}$) one because then you can show that you have ($_{19.}$) an effort to pick something to suit the person. Do not refuse food when offered but if you do not like the ($_{20.}$), do not finish it on your plate. Generally, in Indian homes, there is no self-($_{21.}$) and either the wife or their servant may serve you and if you finish something fast, it would mean that you have liked it and they may (22.   ) you a second round.

Hiroshi: Oh, thank you. It's a good advice because I tend to finish those items first on my plate which I do not like.

Raj: One more thing. Indian food is eaten mostly with a spoon or fork and (23.   ). Remember to use your (24.   ) hand mostly instead of left. Left hand is traditionally considered (25.   ), so the hosts might unconsciously feel bad (26.   ) you eat with left hand. He or she may or may not let you know. But this act can create an (27.   ) bad feeling.

You can also extend an invitation for reciprocating the dinner but do not suggest a (28.   ) expensive dinner than they have arranged. Remember that even though legally there are no class system anymore but (29.   ) Indians are very aware of caste and class hierarchy.

● **聞き取りのポイント**

appreciátive, appreciáted　アクセントの位置に注意。

● **語注**

a good advice　ニホン英語でもインド英語と同じく an advice は可。a news も。
a more expensive dinner　インドではカーストと階級の意識は依然として社会の底流にある。相手よりも高価な夕食に招待すると、この意識を顕在化させることになるので要注意。**even though...but** の対句に注意。

解答：　12. wine　13. done　14. chance　15. appear　16. gifts
17. unlike　18. first　19. put　20. taste　21. service　22. serve
23. fingers　24. right　25. unclean　26. seeing　27. unspoken
28. more　29. subconsciously

和 訳

ダイアローグ4：自宅でのディナーの招待を受けて

ヒロシ：ラージ、こんにちは。お時間があれば、インドの食文化について話したいのですが。インド人のボスから自宅に呼ばれており、そこでどうしたらよいかわからないんです。

ラージ：ボスの名前はなんですか。

ヒロシ：実は、カーンさんからお宅に呼ばれていて、シンさんご夫婦も来られるということです。

ラージ：けっこうですね。あなたはふたつの違った文化の経験をしますよ。というのは、カーンさんはムスリムですからポークは出ませんし、シンさんはヒンズーなのでビーフもないでしょう。ところで、最近では政治的な理由で牛の屠殺は厳しく禁止されています。もうビーフはどこでも食べられないでしょう。

　　　ヒロシさん、この機会にインドのベジタリアンの概念について説明しましょうか。昔から、インドはヒンズー教が主流の国で、ヒンズー教は4つの分派に分かれていました。最高位にあるバラモンの人は、いかなる肉も食べてはならないとされています。マトン、チキン、魚、玉子も禁止です。実のところ、バラモンはオニオンやニンニクも食べません。これらは知識欲を妨げ、世俗的情動と他のネガティブな感情を喚起すると考えられています。バラモンの仕事は教えること、考えること、そして知識を伝授することですので、彼らは不純物のない、身体によい食物を食すものとされています。つまり、肉、魚、あるいは玉子はダメなのです。そして、オニオンやニンニクもです。おわかりですか。

ヒロシ：どうやら。

ラージ：けっこうです。次に、ムスリムは飲酒厳禁です。ですから、ワインを贈り物にはできません。奥さんや子どもさんにプレゼントを持参するのがよいでしょう。家族のためになることは歓迎されます。奥さんが夕食会に参加する可能性は大です。彼女に話しかけてください。謝意を示してください。ただし、うわついた振舞いはやめましょう。彼女や子どもさんにプレゼントを用意しましょう。お国のお土産は感謝されます。高価なお土産も歓迎されます。インド人は日本人と違い、派手なものが好きなのです。最初の会合ではなく、2回目、3回目の会合でお土産を渡すのがよいでしょう。そのほうが、その人に合ったプレゼントを探す努力をしたことを示せるからです。

　　　料理を提供されたら断ってはいけません。でも、もしその味が好みでないならば、全部食べないでお皿に残しておきましょう。インドの家庭では、一般にセルフ

サービスはありません。主婦かお手伝いさんが料理を運んできます。すぐに食べ終えると、それが気に入ったと思われ、お代わりが運ばれます。

ヒロシ：あー、ありがとう。大いに参考になりました。私はお皿で嫌いなものから食べ終えるくせがあります。

ラージ：もうひとつ。インド料理はスプーンかフォーク、そして指で食べます。左手でなく、右手を使うようにしてください。左手は昔から不浄とされています。だから、ホストはあなたが左手で食べるのを見ると、無意識のうちに気分を害するでしょう。そのことをあなたに伝えることもあれば、伝えないこともあります。しかし、口にしないとしても、あなたに対してマイナスのイメージをもつでしょう。

あなたも返礼として相手を招待するのがよいでしょう。その場合、相手以上に高価な夕食にならないように注意しましょう。今や法的には階級制度はないことになっていますが、インド人は潜在意識としてカーストと階級制度を強く感じています。

コラム4　なんかいいよね、インドって！

松井愛美

インドで安全、安価、長期に滞在する方法はないかと考えていたとき、ナシク市の印日協会の招きで日本語教師として、一年間インド、ナシク市に滞在した。

その時のホームステイ先がクシャレさん（Mr. Kushare）一家。同氏は昔、日本の島津製作所に企業内留学し、そこでの技術研修を元に起業。医療機器の販売・修理会社だ。夫人とは学生時代に婚約。卒業までの半年間、デートを楽しんだと惚気ていた。普通、インドの見合い結婚は、双方の仲人が持参金を交渉し、合意後に婚約式と相成る。婚約式が花嫁花婿の初顔合わせということもある。婚約式後、初めてデートが許される。

ホスト・ファミリーの子どもは一姫一太郎。姉は「できすぎちゃん」の8歳。英語は私よりずっと上手い。カタックダンスと歌の稽古をしていた。弟は4歳、夫人が英語を教えていた。私とは会話不成立だが、交流は何となく成立。いつも私のベッドの上で遊んでいた。姉が通訳も。彼等の学校では幼稚園からすべて英語だ。

私がチキンを食べていると、弟は手を出さず、口を開けて向かってくる。両親は菜食主義だが、子どもは将来外国生活もあり得るから、チキンを与えていいとのこと。彼のおか

げで「チャン」＝美味しい、のヒンディー語を覚えた。

　会社を創り、家を建て、子どもを有名私立校に通わせているクシャレ氏は、家族第一で、食事は必ず家族と。昼食後はすぐに会社に戻る。夫人はインドの習慣で、お昼寝だ。

　夫婦の朝は、ゆっくり2人で紅茶を飲むことから始まる。朝食後、夫人は子どもの弁当を作り、学校に届ける。皿洗い、掃除洗濯はメイドがするので優雅だ。躾は弟に甘い。姉弟喧嘩はいつも弟が悪いが、叱られるのはいつも姉。ある日、姉が耐え切れず、母親を突き飛ばそうとした。夕刻、帰宅した父親が初めて姉をきつく叱った。父親の権威は絶対だ。もちろん、夫人に対しても！

　クシャレさん曰く、「Medemi（私、愛美）はいつも Savita（夫人）の見方をする」と文句を言った。「私もか弱い女ですもの」と、心の中で。お金は夫が握っている。

　私の滞在中、夫婦喧嘩は一回だけ。翌朝、夫人からその原因を聞くと、夫人がクシャレさんのワイシャツのクリーニングを出し忘れたのに、口答えをして、夫が手をあげたそうな。きっと2人とも私のホームステイを引き受け始めて、ものすごく疲れていたのでしょう。翌朝、クシャレさんも「喧嘩は Medemi のせいではない」と強調していたから。クシャレさんはお金に関してはとても寛容で、子どもたちや夫人が欲しがるものは、ほとんど買い与えているようだった。自分の物は後回しで、ほとんど着た切り雀だったが。

　ヒンディー語で「アホー」＝貴方（ご主人に向かって使う）は、日本語で「バカ」という意味だと教え、大笑い。すぐこれはクシュル大家族（クシャレ氏の両親、兄2人と姉の家族、計16名）の知るところとなった。なぜなら、祭り、誕生日、祝い事には，この16名がいつも全員集合するからだ。

　一年間、私のホームステイを引き受けたクシャレ夫妻とその大家族の優しさ、温かさ、懐の深さにインドを感じ、インドが大好きになった。

コラム執筆者紹介（p.150 参照）

Dialogue 5 – Don't Say No and Be Patient

日本人はなかなかノーといえないといわれます。インド人もそうです。実は、アジアの多くの国民に同じような傾向があります。優柔不断だからではありません。相手に嫌な思いをさせたくないからなのです。それでも、イエスかノーかがはっきりしないために、あいまいさが残ります。あいまいさを解きほぐす方法を学びましょう。

 1 ダイアローグ 5 を聞き、以下の問いに答えなさい。

1. Why did Hiroshi's talk with the Indian CEO stop abruptly?
   (1) Because Hiroshi forgot the topic.
   (2) Because the CEO lost interest in the conversation.
   (3) Because there was an emergency call for the CEO.

2. What exactly did Hiroshi say?
   (1) That the thing cannot be done.
   (2) That he did not understand.
   (3) That he can't hear.

3. How can you say to show "you will make the effort to make it work"?
   (1) "I will try to discuss the matter with the management."
   (2) "Can I confirm from my boss and let you know?"
   (3) "Let me think if this can happen. It seems difficult."

4. Why should you avoid hard sell or appearing too demanding?
   (1) Because Indians are demanding.
   (2) Because Indians prefer harmony and respect.
   (3) Because Indians respect honesty and modesty.

5. What may happen if all final decisions are made by the most senior person?
   (1) Decision making may take time.
   (2) Decisions are made instantly.

(3) The deal is put in cold storage.

6. What suggestion did Nandini give to Hiroshi from the women's angle?

(1) To not listen to women.

(2) To respect women's opinion.

(3) To not disagree with your own team members in public.

7. What is the basic learning in this dialogue?

(1) How to talk with women.

(2) How to pick up a fight in a discussion.

(3) To have patience when you are negotiating in business.

解答：　1. (2)　2. (1)　3. (1)　4. (2)　5. (1)　6. (3)　7. (3)

---

 2 ダイアローグ5をもう一度聞き、以下の空所を埋めなさい。

Raj: Hi Hiroshi ji. How are you today? How did your ($_1$) go?

Hiroshi: To tell you honestly, I do not think it went well. It ended abruptly when the CEO just started talking on his phone and left the meeting.

Nandini (laughing): Oh, he lost ($_2$) in your talk, is it? What exactly were you saying at that time?

Hiroshi: I remember clearly that they had asked me whether our company can do something in particular and I was telling them honestly why that thing cannot be done.

Nandini: What did you say ($_3$)?

Hiroshi: Oh, I just said...That's impossible. It cannot be done.

Raj: Ah... that is the ($_4$) of the problem. Well, okay. Here is your lesson for today – Do not say 'no' directly. Saying "no" is too ($_5$) and confrontational for most

Indians and they can feel ($_6$.   ).

Instead of that, rephrase your statement to show that you will make the ($_7$.   ) to make it ($_8$.   ). Use expressions like "I am not sure," etc.

The same style of conversation should be ($_9$.   ) when you are trying to convince them to buy something. Avoid any hard sell or appear too ($_{10}$.   ) as Indians prefer ($_{11}$.   ) and respect.

Indians are okay with negotiating and exchanging things and favours, but getting a direct "no" as an answer is like a push, which they do not ($_{12}$.   ).

Nandini: Hiroshi, as a woman, I will also ($_{13}$.   ) a technique. Remain calm and persistent throughout the negotiations. Do not be ($_{14}$.   ) to show impatience and frustration.

Raj: Hahaha. Really, is this a ladies' technique! I have used it all my life, even as a child with my ($_{15}$.   ).

All laugh.

Raj: Jokes ($_{16}$.   ), Hiroshi san, remember that all final decisions are made by the most senior person and that may take time as he or she might be busy in many other ($_{17}$.   ). You might assume wrongly that the deal is in cold ($_{18}$.   ) but it might just be ($_{19}$.   ) but a bit slowly. Therefore, ($_{20}$.   ) is the name of the game while dealing with Indian business people.

Nandini: Oh, and I forgot to tell you one more important thing and this too is coming from women's angle – Your interactions with your own people will also be ($_{21}$.   ), so try not to ($_{22}$.   ) with your own team members in public.

Hiroshi: Thank you guys. Now, I can take it easy. You know, I was beginning to think that I have lost the deal because of the coldness of the CEO but now, I kind of get what happened that day. Respect, awareness, understanding the bigger picture and most importantly, having patience to give time to bosses to decide is the name of the game while negotiating in the business scenario in India.

聞き取りのポイント

technique [テクニク] アクセントを第 1 音節に移行したため。

語注

is it?　インド英語の万能付加疑問句（p.53 参照）。　avoid...appear　正式には avoid...appearing だが会話ではこれも可。　scenario「場面」　Now, I can take it easy.　インド人はこのような場面では、Our chat today has put me so much at ease. ということもある。ヒンディー語の翻訳。

解答：　1. meeting　2. interest　3. exactly　4. root　5. direct
　　　　6. offended　7. effort　8. work　9. followed　10. demanding
　　　　11. harmony　12. appreciate　13. share　14. tempted
　　　　15. parents　16. apart　17. projects　18. storage　19. cooking
　　　　20. patience　21. monitored　22. disagree

和　訳

ダイアローグ5：「ノー」は厳禁、辛抱強くあれ

ラージ：ヒロシさん、ご機嫌いかがですか。会合はどうでしたか。

ヒロシ：正直いって、うまくいったとは思えません。会合は突然終わりました。CEO は電話で話しはじめ、席を立ったのです。

ナンディニ：（笑いながら）あなたの話に興味を失ったのですね。あなたはそのとき、どんなことをいっていましたか。

ヒロシ：よく覚えています。彼らは私に弊社があることができるかと聞いてきました。私は正直に、それはできませんといいました。

ナンディニ：実際にどういいましたか。

ヒロシ：えーと、それは不可能です。できません、と。

ラージ：あー、それが問題の根本です。まあ、いいでしょう。今日のレッスンとしましょう。直接的な拒否の言い方は厳禁です。それはインド人にとって直接的で対

決的すぎて、感情を害するのです。

　そのかわりに、言い方を変え、なんとかできるようにがんばります、のようにいいましょうよ。今はわかりかねます、のような言い方もいいですよ。

　購入を勧めるときにも、同じような言い方がされます。ハードセルや強引な押しは避けたほうがいいです。インド人は和とリスペクトをだいじにします。

　インド人は交渉や、品物や好意の交換はなんとも思いません。しかし、直接的な拒否の返答は押し付けのようで、インド人はよく思いません。

ナンディニ：ヒロシ、私は女性として、ひとつテクニックを教えましょう。交渉では冷静な態度で、これをやり抜くという姿勢が大切です。短気を起し、苛立ちを見せてはいけません。そういう気持ちになるかもしれせんが、じっと我慢をするのです。

ラージ：ハッハッハッ。本当に、これは女性のテクニックですか。私はずっとこれを使ってきましたよ。子どものときは両親にも。

全員笑い

ラージ：冗談はさておき、ヒロシさん、覚えておいてほしいのです。すべての最終判断は最高位の人が下します。それには時間がかかります。その人は他の多くのプロジェクトで多忙を極めているかもしれません。あなたは間違って、取引はお蔵入りと思うこともあるかもしれません。しかし、それはゆっくりと醸成されているかもしれないのです。だから、インド人と取り引きするさいのキーワードは我慢なのです。

ナンディニ：あー、ひとつ言い忘れました。これも女性の視点からです。あなたの同僚との会話はみられています。ですから、人前でチームの仲間と食い違いを見せないように注意してください。

ヒロシ：おふたりとも、ありがとう。やっと落ち着きました。私は取引に失敗したと思いはじめていました。先方の冷たい態度をみたからです。でも、今は、その日のことがなんとか理解できました。リスペクト、配慮、大枠の理解、そして気を大きくもって先方のボスに決定する時間を与えること、これこそがインドのビジネス環境で交渉をするさいの要諦というわけですね。

Dialogue 6 – Culture of Festivals

インドはお祭りが盛んです。なにしろ、いろいろな宗教が共存し、それぞれの宗教が独自の祭礼を催します。これは現代インドのビジネスやビジネスパーソンにどのような影響を及ぼすでしょうか。ここでは、インド社会にみられる個人の価値と集団の役割の相克、そして世代間の意識のズレなどをみてみましょう。

1 ダイアローグ6を聞き、以下の問いに答えなさい。

1. According to the conversation, were Raj and Nandini informal and friendly with each other or not?
   (1) Not at all.
   (2) Yes, informal but not friendly.
   (3) Yes, they sounded quite informal and friendly.

2. According to Raj, what is something special about October?
   (1) It has many festivals.
   (2) It has no social activities.
   (3) It is a cold month.

3. What was stressing Raj?
   (1) Office work.
   (2) His personal health.
   (3) His family pulling him in all these festivities, traditions and rituals.

4. Are individuals more important than communities in India?
   (1) No, communities are more important than individuals.
   (2) No, India emphasizes the importance of both individuals and communities.
   (3) Yes, India is an individualistic country.

5. Which was the other boundary line that Nandini mentioned Raj would cross?
   (1) Timeline.

(2) Family hierarchy.

(3) Religious boundary.

6. When did things go on a downward spiral for Raj?

(1) When he raised his voice while talking to his father.

(2) When he got stressed.

(3) When he did not attend the prayers.

7. On what line do most people lie between high and low context cultures?

(1) Low context line.

(2) A continuum.

(3) High context line.

8. What lessons did Hiroshi learn in this dialogue?

(1) That family hierarchy is required during festivals.

(2) The reason of his boss's boredom in the meeting.

(3) That festivals play a very important role in Indian society.

解答： 1. (3)　2. (1)　3. (3)　4. (1)　5. (2)　6. (1)　7. (2)　8. (3)

---

2 ダイアローグ6をもう一度聞き、以下の空所を埋めなさい。

(CD-18) セクション1

Hiroshi: Good morning, Raj san. How are you? I didn't see you for many days.

Raj: Good morning, Hiroshi san. Ya, I did not come to this office since last few days, but yesterday I got a mail from my boss (1.　　　　　) me for a clarification on something. So, I have come here to meet Nandini and clarify personally before sending him the response. Oh look! Nandini too has joined us here. Hi, Nandini.

Nandini: Hi, Raj. How are you? I sent you an email a few days back, but you did not (2.   ).

Raj: Oh yes, I remember now. I saw it a few days back but I was doing some home (3.   ), so decided to respond later but forgot. Sorry, Nandini.

Nandini: That's fine, Raj, but what's happening with you? It's very "not (4.   )" to forget work. Are you lately under some (5.   ) or what? Do you want to talk about it? You know, Hiroshi and I are friends here.

Raj: Yes, Yes, I know. Both of you are very nice to me. It is not anything especially stressful also. Just that, this is the month of (6.   ), so it has many festivals. So, family is pulling me in all these festivities, (7.   ) and rituals. I used to like them when I was a child and was okay with them as an adolescent. But I can't devote (8.   ) for them now. But my wife and mom are not (9.   ) to understand that.

Nandini: Ya, I know. These festivals and traditions (10.   ) a very special place for moms and ladies of the house.

Raj: Oh, Papa too is with them. He too wants me to (11.   ) home early and go with them to temple and other related things.

Nandini (to Hiroshi): Hiroshi, do you get what we are talking about?

Hiroshi: Not really! If Raj does not want to observe them, why can't he stop?

Nandini: Look Hiroshi, India is a high-context country. A major (12.   ) is given to group or (13.   ) in every aspect, rather than an (14.   ). So, Raj's or my individual requirement about anything cannot be

($_{15.}$) or more important than the family's. Therefore, if it is a day of festival and Raj is unavailable, and if this ($_{16.}$) repeated year after year, then the family is bound to make it a big ($_{17.}$) and have an altercation with him.

Hiroshi: Mm.

(CD-19) **セクション 2**

Nandini: Raj, times are changing. I am ($_{18.}$) they will try to understand if you try to tell them patiently and ($_{19.}$), without getting into an altercation because then you will be crossing ($_{20.}$) cultural boundary, i.e. hierarchy. Your father or mother would not like to hear you ($_{21.}$) your voice or argue with them.

Raj: Ya, I know. That is exactly what ($_{22.}$) yesterday. I raised my voice before Papa while explaining my absence for the "pooja" and then things went into a ($_{23.}$) spiral. I could not ($_{24.}$) or concentrate after that.

Hiroshi: Hey! Do you think this could also be the reason why the boss was yawning in the meeting earlier today?

Nandini: It could really be! You never know because this characteristics of a high context culture cuts across all ($_{25.}$) in the society.

Raj: We even have many ($_{26.}$) around it. Hahaha.

Nandini: True. But the good point is that most people ($_{27.}$) on a continuum between high context and low context behavior. Most educated people, who have had ($_{28.}$) exposure and experience, know how to draw a ($_{29.}$) between the two.

Raj: Yes, mostly, I too balance it quite ($_{30.}$). But I don't know what happened that day.

Hiroshi: Mm. I hope this gets sorted for you, Raj. But thank you for sharing, I have learnt a new and important Indian culture's lesson, which is similar in some ways to Japan as in the hierarchy but also new as in the physical presence required during festivals. Now, I can understand Indian culture a bit better.

Raj & Nandini: Welcome dear.

聞き取りのポイント

continuum 無アクセントに近いので聞き取りにくい。

"pooja"「お祈りの式」 **the reason why the boss was yawning** ボスも両親に盾突いて、その後悔のあまり眠れなかったのではないかという解釈。

解答： **18.** sure **19.** respectfully **20.** another **21.** raise

22. happened **23.** downward **24.** sleep **25.** levels **26.** jokes

27. live **28.** outside **29.** balance **30.** efficiently

和 訳

ダイアローグ6：祭礼文化

ヒロシ：お早う、ラージさん。調子はどうですか。しばらく会っていませんね。

ラージ：お早う、ヒロシさん。はい、このところ出勤しませんでしたが、昨日ボスからメールがきて、確認したいことがあるというのです。だから、ナンディニに会って、個人的に確認してから、ボスに返信するつもりです。ほら、ナンディニが来ました。ハーイ、ナンディニ。

ナンディニ：ハーイ、ラージ。いかがですか。数日前にメールを送りましたが、返信がありませんでしたね。

ラージ：ええ、今思い出しました。数日前に見ましたが、家のことをしていたので、後で返信しようと思い、そのまま忘れてしまいました。ごめん、ナンディニ。

ナンディニ：かまいませんよ、ラージ。でもどうしたの。あなたらしくないわ、仕事を忘れるなんて。最近悩みでもあるのですか。話してみたら。ねえ、ヒロシも私もここでは友だちよ。

ラージ：わかっていますよ。ふたりともとても親切です。それに特に悩みといったことではありません。ただ、今10月でしょう、お祭りが多いのです。家族のものにお祭り、しきたり、儀式に引っ張り出されるのです。子どものころはそういった行事を喜んだものです。若いときも平気でした。でも、今はそういったことに時間がさけないのです。ところが、妻も母もそのことを理解してくれないのです。

ナンディニ：わかりますよ。母親や女性陣にとって、お祭りやしきたりは特別の位置を占めるんですよね。

ラージ：パパも彼らの味方です。早く家に帰って寺院にお参りをし、関連のことをするようにといいます。

ナンディニ：ヒロシ、私たちの話していることがわかりますか。

ヒロシ：いやー。ラージがそういったことをしたくないなら、どうしてやめられない
　　　　のかな。

ナンディニ：いいですか、ヒロシ、インドは高文脈社会の国です。集団とかコミュニ
　　　　ティがあらゆる側面で重要なのです。個人ではありません。ラージや私が個人的
　　　　に求めるものは家族のものより優先されることはありえないのです。祭日にラー
　　　　ジが不在で、これが毎年そうだとなると、家族は当然のことながら、これを大問
　　　　題にし、彼と口論になるのです。

ヒロシ：ふーん。

ナンディニ：ラージ、時代は変化しています。彼らも理解しようとすると思いますよ。
　　　　だから、あなたも根気強く、敬意をもって彼らに説明したらどうですか。喧嘩腰
　　　　はいけませんよ。そんなことをすれば、もうひとつの文化的境界線を越えること
　　　　になります。階層です。あなたのお父さんやお母さんはあなたが声を荒げて、口
　　　　答えするのには耐えられないでしょう。

ラージ：そうです、わかっています。昨日はそうでした。パパの前でお祈りに行かな
　　　　かったわけを説明しようとしたときに、思わす声を荒げてしまいました。それ以
　　　　来、ものごとは下降線をたどるばかりです。私はその後、眠れなかったし、集中で
　　　　きませんでした。

ヒロシ：ねえ、もしかしたら、ボスが今朝のミーティングであくびばかりしていたの
　　　　も、これが原因じゃないかな。

ナンディニ：かもよ。ハイコンテキスト（高文脈）文化のこういった特徴は社会のあ
　　　　らゆるレベルに広がっています。

ラージ：そのことに関して、笑い話もあるくらいですから。

ナンディニ：そうです。でも、いい点をいえば、ほとんどの人は高文脈行動と低文脈
　　　　行動を連続的にとらえているということです。教育を受けた人で、外国文化の経
　　　　験がある人なら、たいがいはふたつのバランスをとっています。

ラージ：そうです、たいがいは。私もうまくバランスをとるほうです。でも、あの日
　　　　はどうしてああなったのかがわかりません。

ヒロシ：うーん。うまくいくことを願っていますよ、ラージ。でも、ふたりが打ち明
　　　　けてくれたので、私は新しい、重要なインド文化のレッスンを受けました。それ
　　　　は日本とある点では似ています。階層制度など。新しいところは、お祭りには物
　　　　理的に参加しなければならないという点です。インド文化がだんだんとわかっ
　　　　てきました。

ラージとナンディニ：大歓迎。

Dialogue 7 – Culturally Bizarre Event

インドで車を運転していて、交通事故に遭ったらどうしますか。ヒロシは交差点で信号が黄色に変わったため停車したところ、後続車に追突されました。そこで悶着が起きました。相手は急に止まったお前が悪いというのです。インドでは黄色でも周りが大丈夫なら渡り切るという暗黙の了解があったのです。さて、どうしますか。

1 ダイアローグ 7 を聞き、以下の問いに答えなさい。

1. Did Hiroshi sound happy talking on the phone?
   (1) No, he was stressed.
   (2) Yes, he was happy out on the street.
   (3) Of course, he is always happy.

2. How was Raj trying to understand Hiroshi's problem?
   (1) Raj told Hiroshi to speak slowly.
   (2) Raj was not trying to understand.
   (3) Raj was repeating Hiroshi's statement.

3. When Raj heard about the police officer, what suggestion did he give to Hiroshi?
   (1) Raj closed the phone.
   (2) Raj said he is sorry, he can't help.
   (3) Raj offered to talk directly to the police officer.

4. Which rule in India did the policeman refer to?
   (1) The unwritten rule.
   (2) The constitution.
   (3) The traffic rule.

5. What might happen if Hiroshi did not follow "the unwritten rule"?
   (1) Hiroshi would escape easily.
   (2) Hiroshi might get involved in long drawn issues with the police and law.

(3) Hiroshi would claim he was unaware of such a rule.

6. How did Hiroshi get out of the traffic accident scene?
   (1) He gave some money to the police officer.
   (2) He gave some money to the other man blaming him.
   (3) He gave some money to the police officer and the other man blaming him.

7. What was Raj's advice in approaching cross-cultural situations?
   (1) Follow your own rules.
   (2) Assume difference until similarity is proven.
   (3) Act patiently and slowly.

解答：　1. (1)　2. (3)　3. (3)　4. (1)　5. (2)　6. (3)　7. (2)

---

 2 ダイアローグ 7 をもう一度聞き、下の空所を埋めなさい。

セクション1

Hiroshi (on phone): Hello Raj? This is Hiroshi. I am calling from Parliament Street. Can you come here? I had a car accident and am now stuck with the police and the guy who dashed into my car. They both are blaming me for the collision.

Raj: Hold on! Let me ($_1$.　　　) this. So, you had an accident and you say that it is not your mistake. The other ($_2$.　　) collided into your car.

Hiroshi: Yes, Yes. That's what happened. What shall I do now as this police guy is not letting me go?

Raj: Hold on. Let me talk to the guy.

Raj (to the policeman): Sirji, what happened?

Policeman: Your gentleman stopped in the middle of the

($_3$.   ) suddenly and because of that, this
($_4$.   ) guy bumped into him. Thank god, ji,
nobody was ($_5$.   ) but his car has been smashed
and he wants money for ($_6$.   ) because he says
that it was totally ($_7$) man's fault.

Raj: Please give the phone to the man, sirji.

Raj (to Hiroshi): Hiroshi, please ($_8$.   ) me everything in
detail.

Hiroshi: There is no major detail. I was going to drive through
the crossing and stopped as it turned yellow.

Raj: Oh, I get it. Please give the phone to the policeman
once again.

Raj (to the policeman): Sirji, please maaf kar do isko. He
made a mistake of ($_9$.   ) the traffic rules of his
country here. I know in Japan, the traffic rules are very
($_{10}$.   ), so he is used to stopping as soon as the
light ($_{11}$.   ) yellow. But he did not know the
unwritten rule here in India of ($_{12}$.   ) if things
seem okay.

Policeman: I understand, ji. But what to say to this man? He is
asking for repair money and my ($_{13}$.   ) has been
wasted, too.

Raj: Please give the phone to the man again, Sirji.

● 聞き取りのポイント

accident [エグジデント] 英米英語の /ks/ はインド英語では母音（/a/）と母音（/i/）に囲まれると無声音から有声音（/gz/）に変化する。お巡りさんの英語は興味深い。ほとんどが綴り字どおりの発音でわかりやすい。

● 語注

Parliament Street デリー市のメインストリート。**Sirji** Sir（英語）＋ ji（ヒンディー語）の敬称。ここでは「お巡りさん」。**maaf kar do isko** Please excuse him. の意味 (ヒンディー語)。英語を母語にしない国では、英語のなかに現地語を入れる例は多々ある。**what to say to this man?** what should I (What am I supposed to) say to this man? の略。**my time has been wasted, too.** 金銭の請求のナゾか。

解答: 1. understand 2. driver 3. road 4. other 5. hurt 6. repair
7. your 8. explain 9. following 10. strict 11. turns
12. crossing 13. time

(CD-21) **セクション2**

Raj: Hiroshi san, please do not ($_{14.}$　　　) with him because even though you are technically ($_{15.}$　　　), but every country has some ($_{16.}$　　) rules and even though they sound ($_{17.}$　　) but people just follow them. Your arguing will only make matters ($_{18.}$　　). So, please just give 2000 or 3000 rupees to the man and 1000 to the police and get out of ($_{19.}$　　). After that, come here and I will explain.

Hiroshi: Okay, I don't like it but I will do it as I am getting too late.

Raj (after Hiroshi reached office): You know, Hiroshi san, thank God, you are out of that mess. It would have been a very ($_{20.}$　　　) and long-drawn process if the ($_{21.}$　　) had gone to the police station.

Hiroshi: Why?

Raj: Oh, I can explain that to you next time. But let me explain what happened today. What happened today was that the other man did not know that you are a ($_{22.}$　　) and would not jump the ($_{23.}$　　) light. He thought that like the rest of them, you too would jump the light and be out of his ($_{24.}$　　). But you didn't and that's why you both collided. Therefore, he thinks that this was caused by you. You see what happens is that when the sender of a message comes from one (25.) and the receiver from another, the chances of (26.) transmitting a message are low. So, both sender and receiver see, interpret, and (27.) things differently, and consequently act upon them differently.

Therefore, the lesson from this example is – In (28.) cross-cultural situations, one should assume (29.) until similarity is proven. In our situation, this means that if you are a foreigner in India, have patience always and do not keep same (30.) as when you are home.

解答	14. argue 15. correct 16. unwritten 17. crazy 18. worse
	19. there 20. tiring 21. matter 22. foreigner 23. yellow
	24. way 25. culture 26. accurately 27. evaluate
	28. approaching 29. difference 30. expectations

和 訳

ダイアローグ 7：異文化的な出来事（交通事故を起こす）

ヒロシ（電話で）：ハロー、ラージ。ヒロシです。パーラメントストリートから電話しています。ここに来てくれますか。自動車事故を起してしまい、警察と突っ込んで来た人と悶着になっています。彼らは衝突の責任は私にあるといっています。

ラージ：ちょっと待って。こういうことですか。あなたは事故を起したが、あなたのミスではない。相手があなたの車にぶつかってきた。

ヒロシ：そのとおりです。どうしたらよいでしょうか。警官は私を離してくれません。

ラージ：電話を代わってください。

ラージ（から警官に）：お巡りさん、何が起きたのですか。

警官：あなたの知り合いは道路の真ん中で突然止まりました。そのため、他の車が突っ込んだのです。怪我人がなかったのが不幸中の幸いです。しかし、突っ込んだ車は傷を負い、ドライバーは修理費を求めています。あなたの知り合いが全面的に悪いといっています。

ラージ：すみません、電話を戻してください。

ラージ（からヒロシに）：ヒロシ、私に詳しく説明してください。

ヒロシ：詳細なんかありません。私は交差点を渡ろうとしましたが、信号が黄になったので止まっただけです。

ラージ：分かった。もう一度警官に代わってください。

ラージ（から警官に）：お巡りさん。彼を放免してください。彼はここで自国の交通ルールに従うというミスをしました。日本では交通ルールは厳しいので、信号が黄になったらすぐに止まっています。インドでは周りが大丈夫なら渡り切るという暗黙のルールを知らなかったのです。

警官：そうですか。でもこの人に何ていえばいいかなあ。彼は修理代を要求していますし、私も時間をかけています。

ラージ：もう一度代わってくださいますか。

ラージ：ヒロシさん、相手と言い争わないでください。あなたが厳密にいっていくら正しくても、すべての国にはなんらかの暗黙のルールがあります。それがいくらばかげていても、人びとは現実にそれに従っています。あなたが言い争うと問題をさらに悪化させます。相手に2、3チルピー、警官にチルピーを渡して、すぐにその場を離れてください。そうしたらこっちに来てください。説明します。

ヒロシ：わかりました。あまり好みませんが、そうします。私も予定に遅れをきたしています。

ラージ（ヒロシがオフィスに着いたあと）：ヒロシさん、混乱から逃れてよかったですよ。事故が警察署に持ち込まれたら、骨の折れる、長時間にわたるプロセスになったでしょうよ。

ヒロシ：どうしてですか。

ラージ：それは次のときに説明します。今日のことを説明します。今日起きたことは、相手のドライバーはあなたが外国人とは知らなかったし、黄信号を突っ切らないとは思わなかったのです。あなたもみんなと同じく信号を突っ切り、前を開ける

と思ったのです。あなたがどかなかったから事故が起きた、だからあなたのせい
だと思っているのです。いいですか、ここで起きたことは、メッセージの発信者
がある文化出身で、受信者は別の文化出身であると、メッセージが正確に伝達さ
れるチャンスは低くなる、ということです。ですから、発信者も受信者もものご
とを違うように知覚し、解釈し、評価し、その結果違うように行動することにな
ります。

そこで、本件の教訓です。異文化間的状況に立ち入るときには、違いを前提とす
べきなのです。類似性が証明されるまでは、ですよ。今日の出来事に照らしてい
うと、あなたはインドでは外国人なので、常に忍耐力をもち、母国にいるときと
同じような見込みで行動してはならない、ということでしょうか。

Dialogue 8 – Gender and Social Class in Business

インドのビジネス界では女性のリーダーはそう多くはありません。男性は女性
が支配的な地位につくのには抵抗を感じるようです。ジェンダーと社会階級は依
然として大きな問題です。理由はさまざまですが、日本でも同じような問題があ
るので、よく気をつけなければなりません。女性が CEO を務める会社は進取の
気性に富んでいるといえるでしょう。

 1 ダイアローグ 8 を聞き、次の問いに答えなさい。

1. Why did Nandini want to talk to Raj and Hiroshi?
   (1) Because there was a cross-cultural aspect to learn for
       Hiroshi.
   (2) She wanted to just gossip about her CEO.
   (3) She wanted to show off to Raj and Hiroshi that she was
       well informed.

2. Why did Nandini say that her story was very dramatic?
   (1) Because she did not understand what happened.
   (2) Because there were many arguments across the table.
   (3) Because she was just joking.

3. According to Nandini, how did Mr. Gupta behave in the

meeting?

(1) Mr. Gupta could not continue the discussion, as it was led by the two women.

(2) Mr. Gupta kept smiling and enjoyed discussing the business matter with the ladies.

(3) Mr. Gupta enjoyed the ladies talking to each other.

4. Why did Nandini get upset by Raj's answer to Hiroshi's question?

(1) Because Raj spoke instinctively.

(2) Because Raj did not want women to answer questions.

(3) Because Raj did not allow her to answer.

5. How did Mr. Gupta's gender bias affect the negotiations?

(1) He was not affected. He just left the room.

(2) The negotiations went smoothly without any discussion.

(3) He lost the argument and trust of the lady CEOs and therefore the deal.

6. How does gender and social class matter in India?

(1) Gender and social class are a problem only in the rural communities.

(2) Historically, gender and social class have been creating conflict and friction.

(3) Gender and social class are a current topic in the business world.

解答：　1. (1)　2. (2)　3. (1)　4. (3)　5. (3)　6. (2)

----

2 ダイアローグ8をもう一度聞き、以下の空所を埋めなさい。

Nandini: Hello, hello, Raj? Are you (1.　　　　)? Can you come to the coffee lounge on the second (2.　　　　)? I have an interesting gossip to (3.   :).

Raj: Oh God! Women will remain women – always (4.   )! What's it? Can't you tell it on the phone?

Nandini: No yaar, I want to share it with Hiroshi too because there is a big cross-cultural (5.   ) here too and I am sure Hiroshi would love it.

Raj: Okay, I will get Hiroshi with me then. See you in 15 minutes.

Nandini: Hi, Hiroshi, it has been a few days since we chatted. How have you been?

Hiroshi: Oh, I am good, Nandini. Thank you for asking. How have you been?

Nandini: See, you are so nice and (6.   ) to me. You know what happened today in the meeting with the lady CEO of our guest organization Indira, our CEO Divyani and the Head of (7.   ) from the third party Mr. Gupta?

Raj: How would we know, dear?

Nandini: Oh, come on! It is a rhetorical question. Anyway, so, it was very (8.   ) because of all the arguments that flew across the table. But to cut the long story short, basically the operations head from the other company could not handle the (9.   ) of two women opposite him. Initially, he was smiling and cool but as soon as the propositions were put on the table and cross questioning started, Mr. Gupta just could not take it and threw in the towel.

Hiroshi: Wait, wait! What is the meaning of 'threw in the towel'?

Raj: Oh, it means accepting (10.   ) and giving up. Yes, Nandini, then what happened?

Nandini: Exactly this (11.   )! Hiroshi asked me, so why did you not allow me to answer? Why did you butt in? Men just cannot accept women in ($_{12.}$　　　) position.

Raj: Oh, come on, Nandini. Please do not take it like that. I just spoke instinctively. I ($_{13.}$　　　) respect you and your intelligence. Therefore, sorry if I made you uncomfortable. Now, go ahead, tell what happened when he gave up.

Nandini: Thank you, Raj. ($_{14.}$　　　) accepted. Oh, I wish he had your mental and emotional ($_{15.}$　　　), Raj. He just mumbled something quite rudely and left the ($_{16.}$　　　). And because of that, even without any contention, we won the deal just because Mr. Gupta has not grown himself ($_{17.}$　　　) to acknowledge women in the ($_{18.}$　　　) position. His loss is our win.

Hiroshi: What did you win and what did Mr. Gupta lose?

Nandini: The lady CEOs Indira and Devyani had a successful meeting. They both negotiated over the ($_{19.}$　　　) in detail and because of that, Devyani's business proposal was accepted by Indira. Mr. Gupta could not take the negotiations forward effectively because of this gender ($_{20.}$　　　). So, Hiroshi san, in India, for centuries, gender and social class have been an issue creating conflict and friction. They ($_{21.}$　　　) the basic values and worldviews in all professions in both urban and rural sector.

聞き取りのポイント

third ［タルドゥ］ dramatic 平板な［ドラマティック］ Anyway, Why, worldviews ［エニヴェィ］［ヴァィ］［ヴァールドヴューズ］インド英語では、/w/ は /v/ に変換可能。 intelligence /t/ が破裂音にならず、/d/ のように聞こえる。 urban ［アルバン］/r/ が響く。

語注

yaar「友よ！」呼びかけのことば。 our guest organization 交渉のために招待し

た企業。 **third party** 同じく交渉のために招待した別の企業。 **rhetorical question**「修辞疑問」疑問文で否定を表す技法。You know what happened today? = You don't know what happened today. Who knows? = Nobody knows. **we...our**「わが社 (の)」

解答: 1. free 2. floor 3. share 4. gossiping 5. lesson 6. respectful

7. Operations 8. dramatic 9. presence 10. defeat

11. behavior 12. control 13. totally 14. Apologies

15. flexibility 16. boardroom 17. enough 18. authority

19. proposal 20. bias 21. color

和 訳

ダイアローグ8：ビジネスにおけるジェンダーと社会階級

ナンディニ：ハロー、ハロー、ラージ。今空いていますか。2階のコーヒーラウンジに来られますか。面白い噂話があります。

ラージ：おやおや。女はいつまでも女だね。いつも噂話。なんの話ですか。電話では話せないの。

ナンディニ：駄目よ。ヒロシにも話したいの。これには異文化間の教訓も詰まっています。ヒロシも喜ぶと思うわ。

ラージ：了解。ヒロシを連れて行きます。15分で行きます。

ナンディニ：ハーイ、ヒロシ、このあいだ話してから数日たっていますね。万事いかがでしたか。

ヒロシ：オー、良好です、ナンディニ。聞いてくださり、ありがとうございます。そちらはいかがでしたか。

ナンディニ：ねえ、あなたはいつも礼儀正しいですね。今日の会合で何があったと思う。ゲスト企業の女性 CEO インディラさんと我が社の CEO デヴィヤニさん、そしてもうひとつの会社の事業部長グプタさんとの会合で。

ラージ：わかるはずがないでしょう。

ナンディニ：何をいっているのですか。これは修辞疑問ですよ。とにかく、テーブルで交わされた議論を考えると、とてもドラマチックでしたよ。要点をいうと、もうひとつの会社の事業部長は対面中のふたりの女性の存在を受容できなかったということです。最初、彼は笑みをうかべ、冷静でしたが、議論と質疑が始まると

　　グプタさんは我慢ができず、タオルを投げました。

ヒロシ：ちょっと待ってください。タオルを投げるってどういう意味ですか。

ラージ：敗北を認め、あきらめるということです。そうですか、ナンディニ、で、どうしたの。

ナンディニ：ほら、正にこの態度。ヒロシは私に聞いたんでしょう。どうして私に答えさせないの。どうして割り込むの。男性は女性が支配的立場につくことを受け入れられないのです。

ラージ：おいおい、ナンディニ。そんなふうに取らないでよ。直感的にいってしまっただけだよ。私はあなたとあなたの知性を全面的に尊敬しています。もし不愉快な気分にさせたなら、あやまります。さあ、先に進んで、それでどうなったの、彼があきらめたときに。

ナンディニ：ありがとう、ラージ。謝意は了解。ああ、彼が精神的にも感情的にも、あなたのような柔軟性をもっていたらよかったのにと思いますよ、ラージ。彼は無礼なことばを呟いて、役員室を出て行きました。その結果、私たちは競争もせず成約を得ました。グプタさんは大人になりきれず、女性が権威ある地位につくことを認められなかったことが原因です。彼の敗北は私たちの勝利なのです。

ヒロシ：あなたがたは何に勝利したのですか。グプタさんは何に敗北したのですか。

ナンディニ：女性 CEO インディラさんとデヴィヤニさんは会合で合意に達したのです。彼らは企画案を詳細に話し合い、その結果デヴィヤニさんの提案はインディラさんに受け入れられました。グプタさんは交渉を効果的に進めることができませんでした。ジェンダーに対して偏見があるからです。ねえ、ヒロシさん、インドでは何世紀にもわたって、ジェンダーと社会階級は対立と衝突を生む問題となってきました。それらはすべての職業において、都市でも農村でも、基本的価値と世界観に影響を与えているのです。

Some Thoughts on Cultural Shock

Mathew Varghese
Lecturer, Aoyama Gakuin University

What is cultural shock? I know the dictionary meaning of this phrase very well, but up until I experienced it when I visited Japan nearly twenty-one years ago, I couldn't realize the importance of it in cross-cultural communications. As a person who was born and brought up in India, my world view was always centered around and controlled by what I experienced in India. I lived in that comfort zone on that habituated thoughts. But in Japan, almost everything that I saw as a young man in his late twenties evoked my curiosity, eagerness and strong interest. Notably I was amazed on how Japanese use the **public space** with such care and how they behave themselves in maintaining the public space by taking care of other's privacy, and wellbeing.

In India the public space is always in a state of constant chaos and apparent anarchy. Mostly they treat the public spaces something that are not a person's immediate responsibilities. They think that it is outside of their personal private space. And they believe that their living area is only their **home space** that they keep up very well. To my surprise Japanese treat both home space and public space equally.

If we go back in history to about two hundred years, mostly, Asian people lived in villages. And the public space was considered as a shared area and people in each community kept public space in order and tidy based on certain time tested systems. In Japan the method for maintaining public space should have been that of taking a kind of personal responsibility by each member of the community, where each person considered his home space and public space equally and should have applied a method of upkeep of both with care. Contrarily, in India designated people did the job of maintaining the public space. And those people did that work as part of their caste duty.

When the village communities developed into countries following the dictum of modern nation states with national laws and norms, the

Japanese society could easily adapt to the new systems which was a repetition of their habituated life style since hundreds of years. On the other hand an economically weak country like India could not adapt to the new systems easily because people who did maintained the public space stop doing such works as their designated caste duty like before. The independent India was a very young country and it abolished the caste system and joined with the hastily developing industrial world. The system and people who maintained the public space soon disappeared. The maintenance of the public space becomes a duty of the government and individual citizens least cared about it.

We may find such differences and shortcomings in the sociocultural strata almost everywhere but understanding them properly is a challenge. This was a concern in ancient India too. I came across a very important teaching from a classical Buddhist text known as *Abhidharmakosa*[1] by Vasubandhu[2]. In this text it is written that when people who live in Jambudvipa[3] go to other islands, one must respect each other's culture, otherwise normal life, respectful conduct, etc. would be seriously hampered.

コラム執筆者紹介

Mathew Varghese：日本の研究機関で仏教研究のかたわら、大学で英語を教える。学生の自己表現能力の育成に定評がある。（本書第10章に登場）

注
[1] アブビダルマコシャ。仏法講話のこと。
[2] バスバンドゥ（婆籔槃豆、世親。5世紀ころのインドの仏教学者）
[3] ジャンブドウィーパ（ブラックベリーの木の島）Jambi（ブラックベリーの木）、dvipa（島）。昔インドではインド亜大陸のことをこう呼んでいた。また、世界は7つの島でできており、それぞれ異なる生活様式と文化をもつと考えられていた）

第12章 エッセイを聞く

　次に、インドビジネスに関わる文化・社会を説明したエッセイを聞いてみましょう。全部で8本あります。インド英語、時間の概念、階層・ジェンダー、予期せぬ出来事、自宅にお呼ばれ、お祭り、宗教（ヒンズー教）、南北インドの違いなどです。インドというお国柄をじっくり聞いてみましょう。そして、内容理解と空所補充の練習に精を出してください。

<u>Essay 1 – How Indians Communicate in English</u>

　英語はインド人のもうひとつのことばです。多くの場合、ビジネスは英語でなされます。しかし、英語の発音や表現は、地域によって異なることがあります。その地域の現地語の影響を受けるからです。ここでは、それは別として、インド人の英語コミュニケーションにみられる一般的な特徴をひとつ説明しましょう。

CD-23 **1** エッセイ1を聞き、以下の問いに答えなさい。

1.　Is there a single style of spoken English in India?
　　(1) Yes, it is one country, so one style.
　　(2) No, there are many regional variations in India.
　　(3) Sure, in business, there is always one style.

2.　Do Indians prefer direct style of communication?
　　(1) Actually it is impossible to make a distinction between direct and indirect communication style.
　　(2) Yes, they are direct people.
　　(3) No, direct style of communication can be offensive for Indians.

3.　What is particularly difficult for Indians to say directly?
　　(1) "Yes" is difficult to say directly for Indians.
　　(2) Indians find it difficult to say that they speak English well.

(3) Saying a direct "No" as an answer is particularly difficult.

4. What do Indians use instead of a direct "No" as an answer?
   (1) They can use evasive language instead of a direct "No".
   (2) They prefer offensive language.
   (3) They begin to smile and say nothing.

5. What should you do when the Indian business partner gives evasive answers?
   (1) Forget about it.
   (2) Rephrase the question to get a clearer answer.
   (3) Do not worry about it.

解答：　1. (2)　2. (3)　3. (3)　4. (1)　5. (2)

(CD-23) **2** エッセイ1をもう一度聞き、以下の空所を埋めなさい。

English is a widely spoken language in India, especially in business (1.　　　　). The pronunciations and cultural expressions may vary depending on the (2.　　　　). For example, a meeting in Bangalore may be very different from a meeting in, say, Delhi or Mumbai. However, there may be some (3.　　　　).

Indians have a particular difficulty saying "No" as it seems too direct and (4.　　　　) to them. Instead, they would say sentences like "Let's see", "Yes, but it may be difficult", "We will see", "I will surely let you know" or "I will (5.　　　　)". It is very important to listen carefully (6.　　　　) these expressions and dig deeper for the real meaning without offending the person. Asking a direct question in this situation such as "What do you mean?" can be counter-productive but being (7.　　　　) of the hidden meanings of these sentences is very helpful.

A good way to seek a clearer answer is to (8.　　　　) the

question, for instance, while fixing a meeting, if you hear the above expressions, you may ask what day and time would be (9.   ) to meet. OR, while discussing the final sales order, if you hear similar evasive expressions, you can ask, what time or day should you call or visit or what more information can you provide to complete this (10.   ). This type of questioning can be more productive when faced with evasive expressions.

● 聞き取りのポイント

適度のスピードなので聞きやすいエッセイ。まずこのインド英語の抑揚、発音、雰囲気に慣れること。…in business meetings, vary 思わぬところで低音になるので要注意。for, particular, or, hear, more... などは /r/ が響く。direct［ダイレクト］rephrase 第 1 音節にアクセント。「再度」を強調するため。その他、インド英語の特徴がいろいろと見られるが、細かいことは音声学的な説明になるので省略する。

● 語注

listen carefully for 普通は listen to。ただし、for のほうが「探し求める」の意が伝わる。OR, 「または」Or, でもよい。evasive「回避的な」what time or day should you call or visit or what more information can you provide 語順に注意。

解答： 1. meetings 2. state 3. generalizations 4. offensive 5. try
6. for 7. aware 8. rephrase 9. convenient 10. deal

和 訳

エッセイ 1：インド人の英語コミュニケーション

　インドでは英語は広く話されています。特にビジネスミーティングではそうです。発音や文化的表現は州によって異なることもあります。例えば、バンガローでの会合で話される英語は、デリーやムンバイの会合で話される英語とはかなり違うかもしれません。それでも、ある程度の一般化は可能です。

　特に、インド人はなかなか "No" といえません。彼らには「ノー」は直接的すぎて不快感を与えるのです。そのかわりに、"Let's see"（さて）、"Yes, but it may be difficult"（はい、でも難しいかもしれません）、"We will see"（様子をみましょう）、

"I will surely let you know"（後ほどお知らせします）、あるいは "I will try"（努力します）のような言い方をします。これらの表現を聞いたら、その意味をよく考え、相手を傷つけることなしにその真意を確かめるくせをつけましょう。このような場面では、"What do you mean?"（どういう意味ですか）といった直接的な質問は効果的ではありません。これらの表現に隠された意味に気付くことが有益です。

　よりはっきりした答えを求めるときには、質問を変えてみてください。例えば、会合の日時を決めるときに、上のような表現を聞いたら、「何日の何時ころがよろしいですか」と言い直してみましょう。また、最終的な売り注文を話し合っているときに同じような表現を聞いたら、「何日の何時ころに電話、あるいは訪問したらよろしいですか」とか「成約にはどういった追加情報がご入り用ですか」と聞いてみることです。こういった聞き方をすれば、相手のあいまいな返答を突破できるかもしれません。

Essay 2 – An Important Point about Time

インドは悠久の歴史をもつ国で、時間もおおらかにとらえます。日本人の時間厳守では物事はうまく運びません。インドの時間感覚に慣れるのは、なかなか容易なことではありません。まずは、何事にも時間に余裕をもつことが大切です。会合の遅延やキャンセルにいちいちいらつかず、のんびり構えることが肝心です。

1 エッセイ 2 を聞き、以下の問いに答えなさい。

1. Is it important to pre-plan when preparing for a business meeting in India?
   (1) Not necessarily as time is quite flexible in India.
   (2) Pre-planning is essential as punctuality is a high value in India.
   (3) It is important to pre-plan a business meeting in India, and also be aware that there can be many changes in the plan at the last minute.

2. Does providing the details of your visit to India guarantee that there cannot be any change in time of the meetings?
   (1) It depends on corporate culture. Some companies follow the schedule but others don't.
   (2) No, it does not guarantee because there can be many factors for the change in schedule.
   (3) Once you provide the information, everything else is fixed.

3. Is punctuality an Indian habit?
   (1) No, not really. Many unpredictable incidents happen.
   (2) Yes, Indians are punctual.
   (3) It is a personality matter.

4. Why are carefully planned meetings cancelled sometimes in India?
   (1) They are cancelled sometimes without any explanation.

(2) Unforeseen circumstances.

(3) The organizers forget.

5. Once the meeting starts, should you directly start the business conversation?

(1) Direct conversation is always welcome.

(2) Well, a bit of small talk brings comfortability in the meeting.

(3) Never start a meeting directly.

6. What is the most important aspect of building relationship in India?

(1) Rapport and trust building.

(2) Direct business dealing.

(3) Knowing families of the people.

7. What is the major learning from this essay?

(1) No need to provide date of arrival.

(2) Indian meetings are difficult to manage.

(3) "Go with the flow" and practice patience.

解答： 1. (3) 2. (2) 3. (1) 4. (2) 5. (2) 6. (1) 7. (3)

(CD-24) **2** エッセイ2をもう一度聞き、以下の空所を埋めなさい。

If you are planning an Indian trip for business meetings, make sure to provide your date of (1.   ), intended dates for meetings, etc. well in advance to your counterpart in India. (2.   ) your meetings in advance and be aware that there can be many changes in the meeting timings. Punctuality is expected from your side for these meetings. However, be mentally prepared that start and finish (3.   ) may vary. Meetings may finish or start late (never earlier) or get interrupted often. Keep good amount of time (4.   ) if the meetings involve negotiations as they can be quite slow by Western or Japanese standards.

Situations and scenarios can easily change in India. Last-minute (5.   ) of meetings can happen because of many unforeseen reasons like a car breaking down, a family emergency, etc.

The key is to "go with the flow" and (6.   ) patience and adaptability, rather than getting frustrated and trying to change (7.   ). This is important more for your own mental comfort and sanity and also because trying to change local (8.   ) and implement foreign (9.   ) don't really work.

Once the meetings start, instead of directly rushing into business matters, you must put time into building a good, close and personalized working (10.   ). Not only outside, even in the boardroom a short conversation is taken as a good (11.   ). Trust building and rapport building by warm chats changes the way local people perceive you and thus is helpful. Only direct business talks are considered curt, negative and disagreeable. Therefore, you must have time to change in small and appropriately warm chats to (12.   ) trust and interpersonal connections as Indian businesspersons really base their decisions on trust and intuition, along with data, (13.   ) and excel sheets.

● 聞き取りのポイント

ゆっくりしていて聞きやすい。**vary** インド英語では /v/ は /w/ になりがち。**often** /t/ が聞こえる。**implement** アクセントは第2音節に移行。**close** [クローズ] 形容詞(「緊密な」の意味)だから [クロース] のはずだが、そういった区別をしていない。**direct** [ディレクト]

● 語注

scenarios「予定の計画(筋書)」 **trying to change local ways and implement foreign standards don't** trying が主語なので doesn't が適切かもしれないが、前に standards があるので don't になっている。**Trust building and rapport**

building by warm chats changes Trust building and rapport building を
単数に考えている。only「まさに」 change in 話し手の頭のなかには change
your style of talking into small ... warm chats があったと思われる。

解答： 1. arrival　2. Schedule　3. timings　4. handy　5. cancellations
　　　　6. practice　7. things　8. ways　9. standards　10. relationship
　　　　11. gesture　12. build　13. statistics

和 訳

エッセイ 2：時間の要諦

　ビジネスミーティングのためにインド旅行を計画するさいには、現地到着日や会合
希望日などを事前に先方に知らせることが肝要です。会合は事前に予定するのがよ
いでしょうが、会合時間には多々変更があることを理解してください。あなたの側で
は、これらの会合には時間厳守を期待したいところですが、開始や終了の時間は変更
になる可能性があることを頭の隅に置いておいてください。会合は予定よりも遅く
始まり遅く終わることもあり（早くなることはない）、時には中断されることもあり
ます。会合が交渉にあたるときには、時間に十分な余裕をもつようにしてください。
交渉は西洋や日本の基準よりも時間がかかることが多いのです。

　インドでは、状況や計画がいとも簡単に変わることがあります。車の故障や家族の
緊急事態のような多くの予期せぬ出来事のため、会合が間際にキャンセルされること
もあります。

　だいじなことは、「流れに従う」こと、我慢と適応を実践することで、短気を起して
事態を変えようとするのは賢明ではありません。この態度はあなたがた自身の精神
の安定と正気の維持のために重要なのです。また、地方の様式を変え外国の基準を実
践しようとしても、うまくいくはずがないのです。

　会合が始まったときには、いきなりビジネスマターに入るのではなく、時間を取り
友好的で親密で個人的な協働関係を築くようにしましょう。ボードルームの外だけ
ではなく、その中でも、何気ない短い会話は友好的なジェスチャーと理解されます。
親身な会話による信頼と親和の構築は先方のあなたに対する認識に影響を与え、有効
です。まさに、すぐさまビジネスに入るやり方はぶっきらぼう、非友好的、不愉快と思
われます。ですから、無駄な時間と思わずに、スモールトークを大切に考え、信頼と個
人関係をもつようにしましょう。事実、インドのビジネスピープルはビジネスの判断
の基準をデータ、統計、エクセルシートとともに、信頼感と直感に置いているのです。

Essay 3 – Hierarchy & Gender

インドの会社では、トップが意思決定をします。ジュニアレベルのカウンターパートでは最終判断はできません。そのため、明確な返答がくるのに時間がかかることがあるでしょう。しかし、便利なこともあります。トップの判断で、手続きや書類が省略されることもあります。また、女性のリーダーも見受けられます。相手企業の仕組みをよく理解することが重要です。

1 エッセイ3を聞き、以下の問いに答えなさい。

1. Does hierarchy matter in business meetings in India?
   (1) Yes, hierarchy matters.
   (2) No, not really.
   (3) Knowing people is not important at all.

2. Who takes the major decisions in Indian business negotiations?
   (1) Junior staff.
   (2) Anyone really as it is a democratic country.
   (3) People high in hierarchy.

3. Is India an individualistic country?
   (1) It was individualistic earlier but not now.
   (2) Yes, it is individualistic.
   (3) No, India is a collective group-oriented country.

4. What is an important piece of information to gather before going into a meeting?
   (1) The minutes of earlier meeting.
   (2) The duration of the meeting.
   (3) Information about different aspects of the hierarchy in the company.

5. What other qualities are appreciable while doing business in Indian settings?

(1) Money.

(2) Having perseverance, patience and exhibiting a depth of character.

(3) Deep interest in its history.

6. What kind of society is India, traditionally?
   (1) Patriarchal.
   (2) Matriarchal.
   (3) Tribal.

7. Does "India being traditionally patriarchal" mean that there have been no women leaders?
   (1) Yes. That's true. There have been no women leaders in India.
   (2) Historically, it was true, but not now. There are many women leaders.
   (3) No, it does not mean that. India has always had women in positions of authority and leadership. For example. Indira Gandhi was a strong and long-serving Prime Minister in the late 20th century.

解答： 1. (1) 2. (3) 3. (3) 4. (3) 5. (2) 6. (1) 7. (3)

 2 エッセイ3をもう一度聞き、以下の空所を埋めなさい。

Hierarchy is important in Indian business setups. It must be kept in mind that (₁.   ) round-table business negotiations, while a lot of talking and discussions might be done by junior level executives, the (₂.   ) decisions would come from senior levels. Therefore, decisions may take more time as they pass (₃.   ) levels and that will require calmness and patience for the process to complete. For example, if you ask a question from your Indian counterpart, you may expect an (4.   ) and definitive response, which may not be possible for him as the decisions could be out of his domain. At the same time, you may get (5.   ) at the quickness with which Indian operations may proceed as Indians can often (6.   ) a few corners and paperworks at the last minute, called as "jugaad", an operation style not common in Western or Japanese businesses. Your Indian counterpart may, in fact, find your system rigid and (7.   ).

India is a collective, group-oriented culture, not an individualistic culture. If your visit to India is for business purposes, it is a good idea to prepare for working with teams and not one on one. Consensus is important in the decision-making (8.   ). Therefore, understanding the way hierarchy works and the overall power structure of the (9.   ) you are dealing with, is important.

Awareness of different aspects of hierarchy in Indian businesses can help in using time efficiently and having perseverance and (10.   ), and exhibiting a depth of character, all of which Indian business people (11.   ).

Another important point for research and homework is to find out the gender structure of the company you are dealing with. Traditionally, India has been a patriarchal society. However, the country also boasts of many supreme (12.   ), powerful and brave queens, fierce freedom fighters, bold poets and a powerful and long lasting lady prime minister. So, it will not be bad advice to research on what is happening in the company you are associating with, as one can expect a powerful (13.   ) presence, either overt or covert. This means that as a foreigner dealing with the company, you must find out if the decision-making (14.   ) is woman corporate or an officer, who has corporate powers by virtue of being a family member of the

(15.　　　　) of the company.

● 聞き取りのポイント

もう慣れてきたので、だんだんと聞き取れるようになったでしょう。こういうわかり
やすいものを何度も聞きましょう。インド英語を聞き取るためには、まずはインド英
語の雰囲気に慣れることです。**domain** アクセントが第 1 音節に移行。

● 語注

ask a question from from はインド諸語の影響。一般には ask you a question
=ask a question of you。**jugaad**「ジュガール」（代りの手段）ヒンディー語より。
He got his job because of jugaad and not on his merit.（彼は能力でなく、
別の手段で仕事を手に入れた）**decision-making authority**「決定権者」 **woman
corporate** 女性でも執行役員であれば決定権を有する企業。なお、インド英語では、a
woman corporate と不定冠詞の a をつけなくてかまわない。

解答： 1. during 2. final 3. many 4. immediate 5. surprised 6. cut
7. counter-productive 8. process 9. company 10. patience
11. admire 12. goddesses 13. lady 14. authority 15. owner

〔和 訳〕

エッセイ 3：階層とジェンダー

　インドのビジネス環境では階層は重要です。まず知ってもらいたいことですが、ラ
ウンドテーブルでのビジネス交渉では、ジュニアレベルの役員が話や議論を主導しま
すが、最後の決定はシニアレベルの役員によってなされます。ですから、決定には時
間がかかることがあります。多くの部署を経ることもあります。落ち着いてプロセス
を見守ることが肝要です。例えば、あなたはインド人のカウンターパートに質問をす
ると、すぐに彼から明確な返答を期待するかもしれませんが、それは彼には無理なこ
ともあるのです。彼には決定権がないかもしれないのです。同時に、インドのオペレー
ションはときに柔軟性に富んでおり、あなたは驚くこともあるでしょう。インド人は
最終段階で多少の手続きや書類を省略することもあるのです。これは「代りの手段」
と呼ばれています。これは西洋や日本では不可能かもしれません。実際、インド人は
日本のシステムは硬直化しており、非生産的であると感じることもあります。

　インドは集団主義的文化で個人主義的文化ではありません。ビジネスの目的でイ

ンドを訪問するとしたら、チームで作業する心づもりをしてください。1対1ではありません。決定プロセスでは関係者の合意が重要です。ですから、あなたが取り引きしている会社では、階層がどう機能しているか、そして全体的なパワーストラクチャーがどうなっているかを理解することが大切です。

　インドのいろいろな会社にみられるさまざまな階層の側面を知ることは、時間を効率よく使うのに有効です。そのことによって、辛抱強く我慢を重ね、懐の深い人格を示すことができるのです。そして、このような人間の資質をインドのビジネスピープルは賞賛するのです。

　あなたの取り引きする会社で、もうひとつ調べて知っておいたほうがよいと思われるのは、ジェンダーストラクチャーです。インド社会は家父長制度で成り立っています。しかし、インドは多くの最高の女神、強力で勇敢な女王、勇気あるフリーダムファイター、歯に衣着せぬ詩人、そしてパワフルで長期政権を維持した女性の首相を誇りにしています。そのため、あなたの関係する企業では、ジェンダーの面でどうなっているかを調べておくことは、理に適っているでしょう。事実、あらゆることが予想されます。権力をもつ女性の存在がその一例です。これは目立つ場合もあるし、そうでない場合もあります。つまり、外国人が取り引きするさいには、決定権が女性にもある会社なのか、会社のオーナーの家族の一員であるがゆえに権力を有する執行役員にあるのかを知っておく必要があるでしょう。

Essay 4 – Flamboyance While Speaking

インドは黄金色輝くきらびやかな国です。市街は騒音に溢れ、人びとは声高に話します。日本人がインド人の議論を聞いていると、まるで喧嘩しているみたいだと思うかもしれません。彼らは人前でけっしてひるまずに、身振り手振りを交え、声を振り絞って自分の意見を述べるのです。これは彼らの話法なのです。否定的にとらえてはなりません。

1 エッセイ4を聞き、以下の問いに答えなさい。

1. According to the essay, how can you classify Indians?
   (1) Shy and reticent.
   (2) Fightful.
   (3) Noisy and active.

2. When Indians speak with loud voices, does it always mean that they are fighting?
   (1) Loud voice always means that they are fighting.
   (2) Not always. Sometimes they could just be speaking with passion.
   (3) They seldom speak with loud voices.

3. Do Indians show their flamboyance in other places too or only in business meetings?
   (1) They exhibit flamboyance in festivals, weddings, and parties, too.
   (2) No, only in business situations.
   (3) They do not show it in business meetings at all.

4. What is the best way to handle a passionate discussion on a negotiation table?
   (1) Leave the meeting immediately.
   (2) Join the discussion as the result might affect you.
   (3) Be a patient listener and put your point forward, if needed.

5. Why is direct questioning not preferred in Indian meetings?
  (1) Because direct questioning can be offensive for people high in hierarchy.
  (2) Because direct questioning seems fake.
  (3) Direct questioning is okay.

6. According to the essay, can the meetings in India be frustrating to Japanese business persons?
  (1) All meetings are frustrating.
  (2) Indian meetings are never frustrating.
  (3) Yes, they can be frustrating because it often comes as if the core points are getting unaddressed and seemingly inconsequential ones are being discussed.

7. According to the essay, what is basically an integral part of Indian life?
  (1) Business.
  (2) Food.
  (3) Noise.

解答： 1. (3) 2. (2) 3. (1) 4. (3) 5. (1) 6. (3) 7. (3)
----

 2 エッセイ4をもう一度聞き、以下の空所を埋めなさい。

　Indians by nature are boisterous and (1.　　　　) people. They often do things outrightly. This can mean that their actions are not subtle or their voices not soft or low. You can often hear very (2.　　　　) exchanges in a meeting and this may not mean that they are fighting or showing their displeasure. Indians can appear argumentative and emotionally (3.　　　　). This could be true but not always in a negative sense. They are just vocal about their opinions and do not (4.　　　　) in public to express those quite flamboyantly using both gestures (and) high and loud voices.

Even in normal life, they often speak ($_5$.   ) going across people. In doing that, they are not being disrespectful really. It is just the pitch they speak in. My personal take is that they have developed this habit because India is a highly populated country, so to get ($_6$.   ) in a crowded situation, you need to learn to speak louder than others. It probably is simply their ($_7$) mode of being the fittest and loudest, in this case.

Their flamboyance is visible not only in their voices but also festivals and ($_8$.   ). Most festivals start with noisy invocation of a particular god by songs, dance or music and end up in fire crackers, etc. Weddings too have processions, in which there is music, dance and lots of high volume ($_9$.   ) on the road going from the groom's place to the bride's place.

So, noise is basically an integral part of Indian life.

However, if you are in a meeting and you witness a passionate or heated discussion, don't panic and ($_{10}$.   ) the participants express themselves, while you remain calm and if possible, a non-participant. In the end, the emotions will ($_{11}$.   ) down and people will take a different recourse. You can then chip in and give your comment, exhibiting a ($_{12}$.   ) understanding of Indian psyche and your expertise in handling it.

If you are looking for instant feedback and fast ($_{13}$.   ), working with Indian teams can be quite frustrating. Direct and active questioning in meetings is not very popular in India because of hierarchy considerations, which can be very complex, long winding and subtle. As a result, you may find some queries getting ($_{14}$.   ) with total silence while there is a lot of chatting in some non-consequential ones.

If that happens, give people time and space and allow them to talk about ideas in other ($_{15}$.   ).

●·聞き取りのポイント

flamboyantly, flamboyance［フランボイントリ］［フランボインス］に聞こえる。
インド人にも言い慣れない語かもしれない。

● 語注

outrightly「あからさまに」**outright** だけでも副詞の機能を果たすが、副詞の標識である -ly を付けてそれを明示する。**(and)** 欠落。**invocation of a particular god**「神を呼び起こす儀式」**groom's place to the bride's place** インドでは新郎が新婦を迎えに行く。**Indian psyche**「インド人の精神構造」

解答： 1. lively 2. loud 3. charged 4. hesitate 5. loudly 6. heard
7. survival 8. weddings 9. activities 10. let 11. die
12. fantastic 13. input 14. addressed 15. forms

和 訳

エッセイ 4：きらびやかな話し方

　インド人は生まれつき騒々しく、陽気な人びとです。彼らは物事に遠慮がありません。このために、彼らの行為はデリカシーに欠け、声は慎みに欠けます。会合などで声高な言い合いを耳にしますが、そうかといって喧嘩しているわけでもありませんし、不快な気持ちを表しているわけでもありません。インド人は論争好きとか感情的と思われるかもしれません。それはそうかもしれませんが、それをネガティブにとらえないでもらいたいのです。彼らは自分の意見を堂々と述べており、公衆の面前でもひるまず、身振りを交え、声を振り絞って自信をもって表現します。

　日常生活でも、彼らは大声で話します。ときに、他人の頭越しに話すこともあります。そうするからといって、他人を侮辱しているわけではありません。ただ彼らの音調が目立つのです。私の考えでは、この習慣はインドの人口過剰からきているようです。騒々しいところで相手に聞いてもらうためには、他人よりも大きな声で話す必要があります。これは多分、適者生存、この場合は声高生存の習慣なのです。

　彼らのきらびやかさは声だけでなく、祭りや婚礼にもみられます。たいがいの祭りは歌、踊り、音楽で神様を騒々しく呼び出すことで始まり、爆竹などを鳴らして終わります。婚礼も行列を連ね、路上では音楽、踊り、そして声高な活動が花婿の家から花嫁の家まで続きます。

　つまり、騒音は基本的に、インド人の生活の一部なのです。

　ただし、あなたが会合に出席して激情的で加熱気味の議論に出くわしたときには、うろたえることなく彼らの意見を吐き出させるのがよいでしょう。あなたは冷静に振舞い、できるなら議論には参加しないようにしましょう。最後には、感情も冷え、人びとは別の道を選びます。あなたはその状況を見計らって一言意見を述べたらよいのです。そうすれば、あなたはインド人の心を理解し、その対応に長けていることを示すことができます。

　もしあなたが即答即決を求めているなら、インド人のチームと協働することはフラストレーションの元になるでしょう。インドの会合では、直接的で積極的な質問はあまりポピュラーではありません。なぜならば、階層を配慮しなければならないからです。それはとても複雑で、ややこしく、かつ微妙なのです。その結果として、あなたの質問のあるものが完全な沈黙で迎えられ、どうでもよい話題に議論白熱といったことがあるのです。

　こういったことが生じたさいには、相手に時間と余裕を与え、彼らに別の形で話してもらうのもよいでしょう。

Essay 5 – Expect the Unexpected

外国では、予期せぬできごとが起こるものです。日本式の期待がそのまま通じるはずはないのです。カルチャーショックを少しでも緩和するのには、相手の文化を学ぶなどの、事前の準備が必要です。インド人は人間関係をとても大切にします。そのために、直接的なものの言い方をあまりしません。相手を傷つけることを恐れるからです。こういったことをじっくりと勉強しましょう。

 1 エッセイ 5 を聞き、以下の問いに答えなさい。

1. According to the essay, why is India fascinating?
   (1) Because it has tigers.
   (2) It has a huge population.
   (3) Because it has growth and disruptions at the same time.

2. Is "growth and disruptions" obvious in business dealings, too?
   (1) No, Indians hide their disruptions well.
   (2) India does not have growth at all.
   (3) Yes, there are many problems in business dealings but there is growth, too.

3. What is the best way to handle this confusion of growth and disruptions?
   (1) As a foreigner, you do not need to worry about a domestic problem in India.
   (2) The situation is so complex that there is no way really.
   (3) The best way is to have flexibility to adapt to the local pressures and streamline ideas to have a win-win situation.

4. Do Indian people like being called by their first name on business occasions?
   (1) They like being called by their first name.
   (2) No, they dislike being called by their first name at their first meeting.

(3) They do not bother about names.

5. Is saving face important for Indians especially in business situations?

(1) Face is very important for Indians.

(2) No, Indians do not bother about face.

(3) Traditionally, it was important but not now.

6. According to the essay, what is difficult for Indians to communicate?

(1) Saying "No".

(2) Nothing is difficult for Indians to communicate.

(3) Saying "Yes".

7. What problem can happen because of their inability to say a "No"?

(1) They say "No" for everything.

(2) They say "Yes" to everything.

(3) They confuse a "Yes" with a "No" sometimes, so create awkward communication.

8. What is the best way to deal with the above miscommunication?

(1) Try and make your own sense.

(2) Do not ask anyone.

(3) Ask a few different people and in different ways to get a clearer response.

解答： 1. (3) 2. (3) 3. (3) 4. (2) 5. (1) 6. (1) 7. (3) 8. (3)

---

 1 エッセイ5をもう一度聞き、以下の空所を埋めなさい。

Situations and scenarios can change quite easily in India. India is a fascinating country in the sense that it has disruptions and (1.   ) at the same time and with same velocity. As a foreign business man or woman, you can see both speed with which people may bamboozle you with all sorts of problems in your business dealings, endeavors, proposals, suggestions, etc. and growth (2.   ) of all these hurdles. The flexibility to adapt to the local pressures and (3.   ) your ideas to suit the business in a win-win method can lead to success.

Indians are hierarchical, both traditionally and in the present day (4.   ) sector. They can come across as quite formal, at least initially. So, talking to people taking their first name is not a good idea until a good level of (5.   ) is established by the Indian counterpart.

Diplomacy is a great talent to have while dealing with Indians because they too use it often, especially in formal business situations. They take maintaining (6.   ) and relationships very seriously. Therefore, it is very important to notice how to say or present a point or an opinion. Being direct in your speech, irrespective of your argument being appropriate or not is considered brash, "having a bad (7.   )" and uncultured.

Another important thing in this tool of diplomacy is to learn when a "yes" means "no" and a "no" means "yes". Because of this indirect communication style and diplomatic way of speaking, Indians have a (8.   ) time saying a "no". Although the intention here is to not disappoint the person but it (9.   ) awkward situations and you will have to learn harder to find out if the "no" is really a "no". Let's take a simple and often used example of asking for directions on the (10.   ). You may often encounter a person offering you directions even though he would have no clue.

The solution to this conundrum is to ask one or two different

people to find out if your Indian counterpart is just being
(11.　　　　　) or knows the answer. Asking closed questions such
as, "Are you sure?" or "Do you understand?" will only lead to more
(12.　　　　　) "yes"/"no" answers!

In the business situation, the solution will be to remain patient
and use emotional intelligence to (13.　　　　　) the subject
respectfully in different ways.

Another very important point for consideration in "Expect the
Unexpected" is to always notice the local (14.　　　　). With seven
major and many minor religions and with six ethnic and religious
identities thriving parallel and not to forget various political and
social concerns getting manifested on public forums, there can
be many unexpected and "declared on short (15.　　　　　)"
holidays. This may disrupt your meetings or derail your carefully
made plans. The suggestion is to remain patient and be prepared
beforehand.

聞き取りのポイント

growth　th は /t/ になる。closed ［クロースド］になっている（エッセイ 2 聞き取り
のポイント参照）。...there can be many unexpected and "declared on
short notice" holidays これが聞き取れ、構文が理解できたらしめたもの。

語注

disruptions and growth「中断と進展」うまくいくこともあれば、うまくいかないこ
ともあるの意味。bamboozle「煙にまく」have no clue = do not understand.
conundrum「難問」seven major religions ヒンズー教（Hinduism）、イスラム
教（Islam）、シク教（Sikhism）、キリスト教（Christianity）、ジャイナ教（Jainism）、
仏教（Buddhism）、そしてゾロアスター教（Zoroastrianism）。six ethnic and
religious identities 民族宗教集団は言語の系統でも分けられる。インド・アーリア
系（Indo Aryan、北インド人）、ドラヴィダ系（Dravidian、南インド人）、チベット・
ビルマ系（Tibeto-Burman、東北インド人）、インド・ガンジス系（Indo-Gangetic、
東部・西部インド系）、ダルディック系（主にカシミール人）、そしてイラン・トルコ系。

解答：　**1.** growth　**2.** irrespective　**3.** streamline　**4.** corporate
　　　　5. comfort　**6.** face　**7.** attitude　**8.** hard　**9.** creates　**10.** road
　　　　11. polite　**12.** confusing　**13.** approach　**14.** calendar
　　　　15. notice

和 訳

エッセイ5：予期せぬことを予期せよ

　インドでは、事態や予定はいとも簡単に変わります。この点でも、インドは魅力的な国です。なにしろ、中断と進展が同時に、しかも同じくらい急速に起こるのです。外国のビジネスマン、ビジネスウーマンとして、あなたはビジネス上の取引、試み、申し出、提案などをしたさいに相手に迷わされた経験があるでしょう。また、こういった障害があっても、ものごとの進展をみた経験もあるでしょう。現地の習慣に適応し、認識を改め、ビジネスをウィン・ウィンにもっていく柔軟性が成功への道なのです。

　インド人は伝統的にも、現在のビジネス界においても、階層的に行動します。彼らは少なくとも最初は極めて形式的に振舞います。ですから、インド人のカウンターパートをファーストネームで呼ぶのは適切ではありません。相手が安心感を表明するまで待つのです。

　インド人とつきあうのには、外交術は重要です。インド人も特に正式の場面では、それをうまく駆使します。彼らは面子と人間関係をとてもだいじにします。ですから、ものの言い方や論点や意見の提示のしかたに注意する必要があります。直接的なものの言い方は、それが正論であるかどうかにかかわりなく、生意気、「態度が悪い」、教養がないと思われるのです。

　外交術でもうひとつ重要な点は、いつ "yes" が "no" を意味し、"no" が "yes" を意味するかを知ることです。インド人はこのような非直接的なコミュニケーションの様式と外交的な話し方をよしとするため、彼らはなかなか "no" とはいいません。その意図が相手を失望させないためとしても、このような習慣は面倒な事態を引き起します。ノーが本当にノーなのかを探らなければならないのです。簡単な、日常茶飯な路上で道順を聞く例をとってみましょう。何も知らないのに道順を知らせる輩に出会ったことがあるでしょう。

　こういった難問を解決する方法は、別の人に聞いてみることです。そうすれば、相手が外交的であろうとしているのか、それとも答えを本当に知っているかがわかるでしょう。「本当ですか」とか「わかりますか」といった限定的な問いは、イエスかノー

しか返ってこないので、さらに混乱を生むでしょう。

　ビジネスの場面では、根気よく、配慮を重ね、敬意をもっていろいろな方法で問題に対処するのがよいでしょう。

　「予期せぬことを予期する」ことで、もうひとつ重要な点は、現地のカレンダーに注目することです。7大宗教とさらに多くの少数宗教と6種の民族宗教集団が平行して栄え、さらに多様な政治的社会的関心事が公的に表明されるなかで、たくさんの、かつ突然に宣言される休日があるのです。このために、あなたの会合は中断され、周到に準備した計画は中止にあうかもしれません。こういったときのアドバイスは、我慢強くあれ、そして前もって備えよということです。

Essay 6 – Visiting Homes

海外ビジネスで、自宅に呼ばれるほど名誉なことはありません。敬意と友情の表明であり、信頼関係の構築と維持の手段にもなるからです。インドで自宅に呼ばれたら、喜んでお出かけください。家庭内での雰囲気は他所では味わえない文化的香りがするものです。ただし、自宅訪問にはそれなりのエチケットがあります。ここでは、そのいくつかを知ってください。

(CD-28) **1** エッセイ6を聞き、以下の問いに答えなさい。

1. According to the essay, do Indians prefer inviting people to their homes?

   (1) They do not like people visiting their homes.

   (2) They do not invite foreigners to their homes.

   (3) Indians love inviting people to their homes, if they like the person.

2. Are Indian etiquettes different from Japanese?

   (1) Yes, they are different.

   (2) Etiquettes are the same everywhere.

   (3) No, they are the same.

3. Is it impolite to refuse the offer to visit Indian homes?

   (1) Not clear in the essay.

   (2) Yes, that is why it should be done with a lot of care.

   (3) No, it is not. You have your choice.

4. Is punctuality an important issue when visiting Indian hosts?

   (1) No, time is not important. You can easily be late.

   (2) You can be a bit late but not too much.

   (3) Indians are like Japanese in terms of punctuality.

5. Do Indian hosts prefer for the guests to remove the shoes before entering the house?

   (1) Yes, generally they prefer, but some hosts may allow

entering with shoes. Just follow what others do.

(2) It is a requirement of every Indian home.

(3) No, they do not. The guests are not required to take off the shoes.

6. Is physically touching people a good idea in India?

(1) No, not really.

(2) Traditionally, it was good but not now.

(3) Oh, they love it.

7. Is there any other special consideration about touching in India?

(1) There is no special consideration about touching in India.

(2) Anyone can be touched by hand, the consideration is only feet.

(3) If the person in front is elder to you, it is a good idea not to touch.

解答: 1. (3) 2. (1) 3. (2) 4. (2) 5. (1) 6. (1) 7. (3)

---

 2 エッセイ6をもう一度聞き、以下の空所を埋めなさい。

A very common and obvious expression of respecting someone is to invite them home. So, it is important that you know the right (1.   ) and etiquette for it.

To begin with, a) Refusing an invitation point-blankly is a big no-no as it is considered very (2.   ) to give a direct and negative response. The best response is to accept the (3.   ) with gratitude. However, if you really cannot make it, then refuse it but with a lot of apologies; b) If you are visiting your host's home, which is very often the case, (4.   ) to find out the number of family members and take "thank you" gifts for them, especially the lady of the house; c) You can be a bit late but not too much; d) Although it is not modern anymore, but don't freak out if you are greeted with a garland, etc. and after wearing it for a while, (5.   ) it but keep it with you. Do not abandon it in their house; e) You may be required to take off your shoes and leave them outside an Indian home. Simply watch others and tow their line or follow them. Because of this reason, when preparing to (6.   ) a dinner on invitation, be careful about wearing clean and good socks; f) Smoking in the presence of the elders is considered (7.   ). So, try to avoid smoking at the host's house or if you really need to, then ask for their (8.   ) to go out and smoke; g) Touching someone, especially an elder is considered rude, so be careful if you have a (9.   ) of touching and talking; h) Touching or kicking someone's feet is also considered rude, so be careful of sitting in such a way so as not to touch anyone's foot and if you do so by (10.   ), remember to say sorry and apologize.

● 聞き取りのポイント

これもインド英語の発音がいっぱい。でも、聞きやすい。どうですか。**You can be a bit late but not too much**　not too much のところで急に声が下がる。強調のひとつの方法。/r/ がいたるところで響く。

● 語注

obvious expression of respecting someone is to invite them home someone を them で受ける。someone は文法上は単数あつかいだが、意味上はいろいろな人を指すので複数あつかいも可。**point-blankly**「あからさまに」point-blank だけでも副詞の機能を果たすが、副詞の標識である -ly を付けてそれを明示する。**garland**「(頭や首につける) 花輪、花冠」 **tow their line**「彼らの流れを追う」

解答：　1. response　2. impolite　3. offer　4. remember　5. remove
　　　　6. attend　7. rude　8. permission　9. habit　10. mistake

和 訳

エッセイ6：お呼ばれで気をつけること

　人に対して敬意を示す方法は自宅に招待することです。そこで、招待されたときの正しい対応と、そのさいのエチケットを知る必要があります。

　まず、a) 招待をすぐに断るのは、やめましょう。直接的で否定的な対応は無礼の誹りを免れません。まずは感謝の念をもって招待を受け入れましょう。ただし、どうしても行かれない場合は、いろいろと釈明をして断ればよいでしょう。b) お呼ばれでよくあることですが、招待者の自宅を訪問する場合は、家族の人数を確認し、各自に感謝の意を示す贈り物を持参します。特に、主婦に対する贈り物を忘れてはなりません。c) お宅には少し遅れることがあってもかまいませんが、遅れ過ぎてはいけません。d) 現在ではあまりありませんが、歓迎の意として花輪などを頭や首に付けられても、びっくりしないでください。しばらくつけたままにして、とってもかまいませんが、手元に保持してください。お暇するときに、お宅においてきてはいけません。e) インド人の家では、靴を脱いで外に置くようにいわれることもあります。人びとのやりかたを見て、それに従ってください。夕食に呼ばれたら、きれいでほころびのないソックスを履くことをお忘れなく。f) 年配者の前での喫煙は無礼と思われます。お宅での喫煙は避けて、どうしても我慢ができないときは、許可を得て外で吸ってください。g) 人に、とくに年配者に触れることは無礼とされます。話すときに相手の身体に触れるくせのある人は注意してください。h) 他人の足に触れたり蹴ったりすることも、無礼とされます。坐るときには、他人の足に触れることのない位置を取るよう注意しましょう。もし他人の足に触れることがあれば、すぐにソーリーといって謝ってください。

Essay 7 – Basics of Hinduism

日本人にはなじみが薄いのですが、ヒンズー教は世界最古の宗教といわれています。インド人の多くはヒンズー教徒です。ヒンズー教は「自然の秩序」と呼ばれ、創始者の名前もありません。聖典は広範囲にわたるため、簡単に読み切れるものではありません。親しくなったインド人に少しずつ教わるのがよいでしょう。

 1 エッセイ 7 を聞き、以下の問いに答えなさい。

1. Which is the oldest religion in India?
    (1) Islam.　(2) Hinduism.　(3) Buddhism.

2. Hinduism is based on teachings of one God. Is this statement correct?
    (1) Yes, Shiva is the god on whom Hinduism is based.
    (2) Really, Hinduism is based on the teachings from one important book.
    (3) No, Hinduism is based on a synthesis of many rituals, philosophies and spiritual theories.

3. Was Hinduism established by a man in a common language?
    (1) Yes, Hinduism is established by a man in a common language.
    (2) No, Hinduism is considered to have been established by Gods, written in Sanskrit, a language of Gods, which is not a common language anymore.
    (3) Hinduism was established by a few men, each using a different language.

4. Do Hindus across the country have same stories for their festivals?
    (1) Yes, the stories are the same as they come from the same history.
    (2) Yes, the festivals are the same, so the stories are also the

same.

(3) No, different groups follow different mythological stories, reasons and traditions for their celebrations.

5. Can Hindus choose to be a believer of no god, one god, or many gods?

    (1) Yes, they can make their own choice because there are so many traditions and different reasons.

    (2) Yes, they can because India is a democratic country.

    (3) No, they cannot because Hiduism is a one-god religion.

6. Is the caste system still prevalent in India?

    (1) The caste system is not prevalent now because there are government policies and law in place to mitigate it.

    (2) Yes, of course, the caste system is prevalent because it is a traditional system.

    (3) No, the caste system was only for a small time in India.

7. What is the ground reality regarding the caste system at present?

    (1) It is illegal.   (2) It is legal.   (3) It is non-existent.

解答：　1. (2)　2. (3)　3. (2)　4. (3)　5. (1)　6. (1)　7. (1)

---

 1 エッセイ 7 をもう一度聞き、以下の空所を埋めなさい。

Hinduism is the world's oldest religion and one of its four largest (1.   ), spread across India, Nepal, Mauritius and every other country which has Hindu expatriates. The name Hindu is a derivative from Sindhu, name of a (2.   ) across present day Pakistan and north India and became known for the first time in the 6th-century BCE inscriptions of Darius I (550–486 BCE).

    Hinduism is considered to be a pattern or a system of

(3.   ), or a 'dharma', which is an eternal system, being practiced from even before the human (4.   ) and is a combination, a synthesis of many rituals, philosophies and spiritual theories. As a result, it does not have any one name as its (5.   ) or creator. Rather, it is considered to have been established by Gods, written in Sanskrit, a language of Gods, passed on orally through hymns, or "shlokas" in Sanskrit, from generation to generation. These texts (6.   ) a range of topics from politics, (7.   ), medicine, philosophy, cosmology, law, spirituality, performing arts and many more. The most popular texts are 4 Vedas, more than 200 Upanishads, fictional writing like Gita, Ramayana and many more. These texts discuss various issues around ethics/duties, prosperity/work, desires/passions, liberation/freedom, actions/consequences, cycles of birth and (8.   ) and paths to get out of this cycle.

There are many festivals related to Hinduism, most popular being Diwali, Holi and Dussehra. There are many mythological stories (9.   ) to these religions. Different regions have different rituals and different stories connected to their version of the festival. This might come across as a difficult concept to understand for foreigners. It includes a diversity of traditions, understanding and faith, therefore, it allows multiple governing bodies, prophets, holy books and religious authorities with the binding coming not from the state but from the person or rather their (10.   ) traditions. It can be chaotic to observe, when you are standing at the periphery, but Hindus can choose to be polytheistic, monotheistic, pantheistic, agnostic or even atheist.

The caste system has been prevalent in old India, creating many social discrepancies and inequalities. According to it, there are four classes of people in a Hindu society. The lowest one on the (11.   ) are the 'Sudras' (people who officially used to be the cleaners, washermen, cobblers, etc.), 'Vaisyas' (businessmen), 'Kshtriyas' (kings, fighters, soldiers), and 'Brahmins' (teachers, philosophers, thinkers). Initially, this system was set up to create a clear-cut division of (12.　　　　) in the society. But it got problematic and out of hand when it got connected to the birth, not to the (13.　　　　) of the person, creating unjustified inequalities and superstitious orthodoxies.

In modern India, there have been many new reforms and rules to mitigate the caste problems. The efforts are still going as it is now (14.　　　) to discuss these issues openly. However, there is still an undercurrent of many orthodoxies, which often get played for political purposes.

● 聞き取りのポイント

and［アイン（ド）］の発音に注意。ここでは一貫している。インド英語によく聞かれる。expatriates や derivative は日常語ではないので発音はぎこちない。north をはじめ、synthesis、theories、birth、mythological、authorities、pantheistic、monotheistic、orthodoxies などの th が /t/ になるのがよく聞ける。Vedas の /v/ は /w/ に。cycle［サイキル］ mythological［マイトロジカル］

● 語注

expatriates「国外在住者」 derivative「派生語」 Sindhu the Indus Riverのこと。BCE before the Common Era（紀元前）の略（b.c. = before Christ）。inscriptions「碑文」 Darius I「ダレイオス1世」古代ペルシアの大王。行政統治能力の高いことで有名。dharma「天の理法に従うこと」サンスクリットより。Vedas「ベーダ」4巻から成るヒンズー教最古の聖典。Upanishads「ウパニシャッド」ベーダ教典の一部。古代インドの哲学書。Gita バガヴァッド・ギーターのこと。700行の韻文詩からなるヒンズー教の聖典のひとつ。「神の詩」とも訳される。Ramayana「ラーマーヤナ」古代インドの大長編叙事詩。Diwali「ディワリ祭」新年のお祝いで、爆竹を鳴らす。Dussehra「ダシェラ祭」悪を懲らしめるお祭り。張りぼてを爆破する。ホーリー祭、ディワリ祭、そしてダシェラ祭がインドの3大祭。these religions festivals のこと。polytheistic「多神教の」ヒンズー教には36,000の神々がおわすといわれている。monotheistic「一神教の」 pantheistic「汎神論の」 agnostic「不

可知論者（の）」**atheist**「無神論者（の）」**ladder** 階層を「梯子」にたとえている。**washermen**「洗濯に従事するもの」**cobblers**「靴直し」古い英語。現在は shoemaker。**orthodoxies**「通説」

解答： 1. ones 2. river 3. living 4. history 5. founder 6. cover
7. education 8. rebirth 9. connected 10. family 11. ladder
12. labor 13. ability 14. illegal

和 訳

エッセイ7：ヒンズー教の基本

ヒンズー教は世界最古の宗教、かつ世界4大宗教のひとつで、インド、ネパール、モーリシャス、そしてヒンズー教徒の国外居住者のいる他のすべての国々に拡散しています。ヒンズー（Hindu）という名前は、現在のパキスタンと北インドを流れるインダス（Sindhu）という川の名前からきており、紀元前6世紀のダレイオス1世（550 − 486BCE）の碑文で知られるようになりました。

ヒンズー教は生活の様式とか仕組み、すなわち「自然の秩序」と考えられています。それは永遠のシステムで、人類の歴史以前から実践されていたと考えられ、多くの儀式、哲学、そして精神理論の統合なのです。そのため、そのひとりの創始者の名前もなければ、造物主の名前もありません。それは神々によって確立されたと考えられ、サンスクリット語、すなわち神のことば、で書かれ、聖歌（サンスクリットで「シュロカス」）として代々伝承されてきました。聖典は広範囲のテーマにわたり、政治、教育、医療、哲学、宇宙論、法律、霊性、芸術、その他さまざまな分野を網羅しています。最もポピュラーなものは、4巻から成るベーダ教典、その一部である200冊以上のウパニシャッド（哲学書）、またギーターやラーマーヤナのような文芸作品などです。これらの書物は、倫理 / 義務、繁栄 / 労働、欲望 / 情熱、解放 / 自由、行動 / 結果、生と再生の流転とそこから抜け出る道などにかかわるさまざまな問題に触れています。

ヒンズー教に関連して、たくさんのお祭りがあります。なかでもポピュラーなのは、ディワリ祭、ホーリー祭、ダシェラ祭です。これらの宗教祭には数多くの神話的物語があります。これらのお祭りでは、地域によって違った儀式や物語が演じられます。これは外国人にはわかりづらい概念かもしれません。それは多様な伝統と悟りや信条ゆえのことで、多数の統治団体、預言者、聖典、そして宗教的権威者を許容し、結束のエネルギーはいかなる権威からももたらされるものでなく、個人もしくは家族の伝

統からくるのです。それは周辺で観察するものにとっては無秩序に映るかもしれません。しかし、ヒンズー教徒は自分の選択によって、多神教徒にも一神教徒にも汎神論者にも不可知論者にも、さらには無神論者にもなれるのです。

　カースト制度は昔のインドでは広くゆきわたり、さまざまな社会的矛盾と不平等を生み出してきました。それによると、ヒンズー社会には4種の階級があります。最下位のスードラ（公的に清掃、洗濯、靴直しなどに従事するもの）から、バイシャ（商工に従事するもの）、クシャトリヤ（領主、軍人、兵隊）、そしてブラーミン（教師、哲学者、思想家）へと上ります。当初、この制度は社会における労働の分業を明確化するために設けられました。しかし、それは問題を生み、制御できなくなりました。人間の能力ではなく、生まれと関係づけられたからです。そして、いわれのない不平等と迷信的な通説を造り出しました。

　近代インドでは、カーストの問題を解消しようとする改革や規則が数多く生まれています。この努力は現在でも進行中です。これらのカーストを公然と口にすることは、今や法律違反なのです。しかし、社会の底流には多くの通説が依然としてはびこっています。それは時に、政治的目的のために利用されています。

Essay 8 – Cultural Differences between Northern and Southern People

　　インドは東西南北に広大な領土をかかえる、多民族、多文化、多言語社会です。各地域には衣食住で、独特の生活様式が成立しています。ここでは、北インドと南インドの違いをいくつかあげます。食べ物が一番わかりやすいでしょう。北に比べると、南インドのカレーはやや辛いことをご存知ですか。

1 エッセイ 8 を聞き、以下の問いに答えなさい。

1. Is it true that India is well known for its multiculturalism, multi-ethnic and pluralistic society?
   (1) Well, India is a multicultural country, but not a multi-ethnic society.
   (2) It is true that India is well known in the world as a multicultural and multi-ethnic society.
   (3) India is well known as a huge and populous country.

2. Are Indians same in their habits, food choices, etc. across the geographical regions?
   (1) No, people from North, South, East and West are very different from each other.
   (2) Yes, they are all Indians, so they will be same.
   (3) Only south and north Indians are different, rest of all are very similar.

3. Which region in India has the Himalayas?
   (1) South India.
   (2) West India.
   (3) North India.

4. Which region in India has the ocean called the 'Indian Ocean'?
   (1) West India.

(2) South India.

(3) East India.

5. How many sides of Indian peninsula are covered by sea?

(1) India is completely covered by sea, like Japan.

(2) India has sea on one side: South India.

(3) India has sea on three sides: the Arabian Sea in the west, the Bay of Bengal in the east, and the Indian Ocean in the south.

6. Other than the location, is there any other difference between North and South?

(1) Yes, they differ in physique and food.

(2) No, there is no difference.

(3) No, actually they are really very similar.

7. What are the racial names for South Indians and North Indians?

(1) South Indians – Dravidians and North Indians – Aryans.

(2) South Indians – Aryans and North Indians – Dravidians.

(3) South Indians and North Indians.

8. What is a major difference in food habits of North and South Indians?

(1) The food in North India is spicier than the food in South India.

(2) South Indians eat spicier food than North Indians.

(3) South Indians love bread, while North Indians eat more rice.

解答： 1. (2) 2. (1) 3. (3) 4. (2) 5. (3) 6. (1) 7. (1) 8. (2)

2 エッセイ8をもう一度聞き、以下の空所を埋めなさい。

India is well known for its multiculturalism, multiethnic and pluralistic society. People from four regions – east, west, north and south – are different from each other in terms of their (1.   ) choices, habits, languages, dress senses and many others.

Let's look at some major geographical, cultural, (2.   ), (and) food differences between north and south India.

North India lies in the Indo-Gangetic plain. It has the Himalayas towards the north, which (3.   ) the country from Central Asia, Thar Desert in the west. Whereas South India is situated in the Deccan Plateau and the Vindhya ranges separates the North from the South. This region has the Arabian Sea in the west, the Bay of Bengal in the east and the Indian Ocean in the south.

In terms of racial differences, North Indians are known as Aryans, while South Indians are called Dravidians. In physique as well, there is a lot of differences in their (4.   ). The North Indians are taller, and more strongly built than the South Indians. The South Indians are a bit (5.   ) than the North Indians.

Another difference that can be seen between North and South India is their food. When compared to the North Indian food, the South Indian food is spicier. The South Indians use more (6.   ), tamarind and coconut as compared to North Indians. The North Indians use more wheat and milk products when compared to the people of South India.

● 聞き取りのポイント

/r/ の響きが心地よく感じませんか。ここは短いエッセイなので、何回も聞いてください。

● 語注

(and) 欠落。Whereas... 「…であるのに対して」ここでは「一方」のような意味で使われている。There is a lot of differences is ではなく are が正式。tamarind

256

「タマリンド」熱帯産のマメ科高木。そのさやは料理、清涼飲料、医薬用。

解答：　1. food　2. racial　3. separates　4. appearances　5. darker
　　　　6. rice

和　訳

エッセイ8：北インドと南インドの文化差

　インドは多文化社会、多民族社会、そして複合社会として知られています。インドは東西南北の4地方で食べ物、習慣、言語、衣服のセンス、その他の面で違いがみられます。

　ここでは、北インドと南インドの地理、文化、人種、食文化の観点から、いくつかの主要な違いをみてみましょう。

　北インドはヒンドスタン平原に位置します。北にヒマラヤ、西にタール大砂漠を擁します。ヒマラヤはインドと中央アジアの境界となっています。一方、南インドはデカン高原に位置し、ヴィンドヤ山脈が北インドと南インドを分けています。ここでは西にアラビア海、東にベンガル湾、そして南にインド洋があります。

　人種の観点からいうと、北インド人はアーリア系で、南インド人はドラヴィダ系といわれます。体格の面でも、風貌に多くの違いが見られます。北インド人は南インド人よりも背が高く、より強健にできています。南インド人は北インド人よりも肌が黒いです。

　南北インドの、もうひとつの違いは食べ物です。北と比べると、南インドの食べ物はより辛いです。南インド人は米、タマリンド、そしてココナツを多く使います。北インド人は麦と乳製品を多く使います。

Das, Sisir Kumar (1982) Indian English. In Pride, ed., pp.141-149.

Gargesh, Ravinder (2006a) South Indian Englishes. In Kachru, Kachru, and Nelson, eds., pp.90-113.

Gargesh, Ravinder (2006b) On Nativizing the Indian Poetic Medium. *World Englishes* 25.3., pp.359-371.

Kachru, Braj (1976) Models of English for the Third World. TESOL Quarterly 10(2), pp.221-239.

Kachru, Braj B., Kachru Yamuna, and Nelson, Cecil L., eds. (2006) *The Handbook of World Englishes*. Oxford: Blackwell Publishing.

Macaulay, Thomas Babington (1835) Minute on Education. (Minute by the Hon'ble T. B. Macaulay, dated the 2nd February.) http://www.mssu.edu/projectsouthasia/history/primarydocs/education/Macaulay001.htm (Retrieved 2011/09/20.)

Mehrotra, Raja Ram (1982) Indian English: A Sociolinguistic Profile. In Pride, ed., pp. 150-173.

Mutjoah, S. (1991) *Words in Indian English*. New Delhi: Indus.

Parasher, S. V. (1991) *Indian English: Functions and Form*. New Delhi: Bahri Publications.

Pride, John B., ed. (1982) *New Englishes*. Rowley, Massachusetts: Newbury House Publishers, INC.

Raja Rao (1970) *Kanthapura*. New Delhi: Orient Paperbacks.

Smith, Larry (1983) English as an International Language: No Room for Linguistic Chauvinism. In Smith, ed., pp.7-11.

Smith, Larry, ed. (1983) *Readings in English as an International Language*. Oxford: Pergamon Press.

Swarup, Vikas (2008) *Six Suspects*, London: Black Swan. ヴィーカス・スワラープ『6人の容疑者』（上下）ランダムハウスジャパン

Verma, Shivendra Kishore (1982) Swadeshi English: Form and Function. In Pride, ed., pp.174-187.

Verma, Shivendra Kishore (1991) The Three Language Formula: Its Sociopolitical and Pedagogical Implications. *I.T.L. (International Journal of Applied Linguistics)* 91-92, pp.49-60.

本名信行（2006）『英語はアジアを結ぶ』玉川大学出版部
本名信行（2013）『国際言語としての英語：文化を越えた伝え合い』冨山房インターナショナル
本名信行・竹下裕子編著（2018）『新アジア英語辞典』三修社

著　者

本名信行（ほんな・のぶゆき）

青山学院大名誉教授。専門分野は社会言語学、国際コミュニケーション、世界諸英語など。日本「アジア英語」学会会長（2000-2009）、国際異文化間コミュニケーション研究学会（IAICS）会長（2007-2009）、中教審外国語専門委員（2003-2013）などを歴任。主な著書に『世界の英語を歩く』（集英社新書、2003）、『英語はアジアを結ぶ』（玉川大学出版部、2006）、『新アジア英語辞典』（共編著）（三修社、2018）など。（一般社団法人）グローバル・ビジネスコミュニケーション協会（GBCJ）代表理事。

SHARMA Anamika, Ph.D.（シャルマ・アナミカ）

モナシュ大学英語センター講師。専門は世界諸英語、インド英語、English as a Lingua Franca、英語教育、「学術研究のための英語」など。論文 "World Englishes and Confucian Heritage: Towards Taking Ownership in Language and Learning"（*Asian Englishes*, 12（2）, pp. 48-75）、共編著 *Functional Variations in English: Theoretical Considerations and Practical Challenges*（The Netherlands: Springer、2020）など。（一般社団法人）グローバル・ビジネスコミュニケーション協会アドバイザー。

●音声提供・録音

Barnes Ebenezer

Dana Wilson

Gurusharan Kaur

Koichi Miyazaki

Namrata Sharma

Mathew Varghese

Mukund Deshpande

Namrata Sharma

Ram Ashish Giri

Ratish Kumar

Uday Sharma

Vijay Laxmi

●ジェスチャーの写真

Dhruvee Haldankar

Shailesh Singh

Ravi Sharma

日本人のためのインド英語入門
—ことば・文化・慣習を知る—

2021 年 5 月 30 日　第 1 刷発行

著　　者 ——— 本名信行／SHARMA Anamika
発 行 者 ——— 前田俊秀
発 行 所 ——— 株式会社　三修社
　　　　　　　 〒 150-0001 東京都渋谷区神宮前 2-2-22
　　　　　　　 TEL 03-3405-4511　FAX 03-3405-4522
　　　　　　　 振替 00190-9-72758
　　　　　　　 https://www.sanshusha.co.jp
　　　　　　　 編集担当 三井るり子
印刷・製本 ——— 日経印刷株式会社

©2021 Printed in Japan ISBN978-4-384-05953-3 C1082

カバーデザイン ——— 山内宏一郎（SAIWAI DESIGN）
本文デザイン・DTP —— 有限会社トライアングル
音声 CD 制作 ——— 高速録音株式会社